大学生思想政治教育路径研究

王薇 李霜 彭丽◎著

北京燕山出版社

图书在版编目（CIP）数据

大学生思想政治教育路径研究 / 王薇 , 李霜 , 彭丽
著 . -- 北京 : 北京燕山出版社 , 2023.11

ISBN 978-7-5402-6561-8

Ⅰ . ①大… Ⅱ . ①王… ②李… ③彭… Ⅲ . ①大学生
—思想政治教育—研究—中国 Ⅳ . ① G641

中国国家版本馆 CIP 数据核字 (2023) 第 256624 号

大学生思想政治教育路径研究

著者：王薇　李霜　彭丽

责任编辑：郭扬

封面设计：张秋艳

出版发行：北京燕山出版社有限公司

社址：北京市西城区椿树街道琉璃厂西街 20 号

邮编：100052

电话：86-10-65240430（总编室）

印刷：天津和萱印刷有限公司

成品尺寸：170 mm × 240 mm

字数：200 千字

印张：11

版别：2025 年 1 月第 1 版

印次：2025 年 1 月第 1 次印刷

ISBN：978-7-5402-6561-8

定价：68.00 元

作者简介

　　王薇，女，中共党员，硕士，副教授，高级政工师。从事大学生党建及思想政治教育工作12年。主持重庆市人文社科（重点项目）1项、第六届重庆市教育综合改革试点项目1项，主研重庆市项目10项，主持（研）校级课题5项；出版学术专著1部，参编教材3本；发表科研论文21篇。获全国民办高等教育优秀课题成果奖1项，重庆市第三届教育综合改革试点成果三等奖（省部级）1项，重庆市第五届教育综合改革试点成果三等奖（省部级）1项，全国民办高校党建与思想政治教育工作研究优秀课题成果奖1项。作为重庆工程学院软件学院学生第一党支部书记，带领党支部获批重庆市党建工作样板支部；2022年成功申报第三批全国党建工作样板支部培育创建单位。主持重庆市辅导员工作室1个，先后荣获重庆市优秀辅导员、重庆市普通高校就业工作先进个人、第四届重庆市本科院校辅导员技能大赛优秀奖、重庆市大学生创新创业大赛优胜指导教师奖，多次获评校级"优秀教师""优秀辅导员""优秀党务工作者""优秀共产党员"。

李霜，女，中共党员，硕士，讲师，毕业于重庆师范大学教育学原理专业，现任重庆中医药学院专职辅导员。2014 年 9 月—2023 年 6 月，在重庆工程学院工作期间，主研、参与校级课题 3 项，参与学校辅导员工作坊 1 个，被重庆工程学院评为"优秀党员""优秀党务工作者""就业工作先进个人"。

彭丽，女，湖南湘西人，中共党员，硕士，讲师。BCC 北森全球生涯教练，ECE 卓有成效教练。参与校级课题项目 4 项，市级课题项目 2 项，高校课改项目 1 项；指导校级项目 2 项；发表科研论文 3 篇。获得院级优秀指导教师 4 次，校级优秀指导教师 1 次，国家级软件专业竞赛优秀指导教师 3 次；主持学校辅导员工作坊 1 个。获得校级第二课堂优秀辅导员 2 次；院级、校级晨课优秀 指导教师；市级学生计算机比赛优秀指导教师 5 次。现任重庆工程学院软件学院专职辅导员、学院团委副书记、学院艺术指导教师。

前　言

　　随着社会信息化、网络化的飞速发展，手机和互联网已经成为大学生学习和生活的重要组成部分，以手机和互联网为代表的新媒体对大学生的学习和生活产生了深刻的影响。大学生通过新媒体能够接受数量丰富、更新及时的信息。我国历来十分重视思想政治教育工作，当代大学生作为社会主义建设的接班人，不仅要具有丰富的专业知识技能，还应具有崇高的思想政治道德和理想。

　　高校在现代化建设中承担着培育社会主义合格建设者和可靠接班人的重要责任和光荣使命。高校作为思想政治教育的主阵地，其教学质量的好坏直接关系着大学生对于先进道德文化和理念的接受程度，决定着高校大学生的职业素养与基本修养。党的十八大以来，以习近平同志为核心的党中央高度重视对教育工作的领导，先后召开了全国高校思想政治工作会议、学校思想政治理论课教师座谈会等一系列重要会议，为全面贯彻党的教育方针，解决好"培养什么人、怎样培养人、为谁培养人"这个根本问题指明了方向。但从实际情况来看，面对新形势、新任务与新挑战，大学生思想政治教育的成效与预期目标相比，仍有需要改进的余地，教育教学形势依旧严峻。

　　本书第一章为思想政治教育概述，分别介绍了思想政治教育的内涵、思想政治教育的理论基础以及思想政治教育的现状三个方面的内容；第二章为大学生思政课程实践教学模式，主要介绍了三个方面的内容，依次是大学生思想政治课堂实践教学、大学生思想政治校园实践教学、大学生思想政治社会实践教学；第三章为不同背景下的思想政治研究，分别介绍了三个方面的内容，依次是新媒体背景下的思想政治教育、"互联网＋"背景下的思想政治教育、社交媒体对思想政治教育的影响；第四章为大学生思想政治教育实践，依次介绍了大学生思想政治教育实践机制建设、大学生思想政治教育具体实践路径两个方面的内容；第五章为大学生思想政治教育创新发展，分别是大学生思想政治教育的新手段、大学生思想政治教育实践资源创新；第六章为大学生课程思政教学构建及实践策略，分别介绍了大学生课程思政的现实依据、大学生课程思政的难点分析、大学生课程思政对学生的影响机制分析、大学生课程思政的教育内容与方法体系的构建以及大学生课程思政的实践策略五个方面的内容。

该书还是2022年重庆市教育委员会人文社会科学研究项目——"新时代民办高校党建与思想政治教育融合育人实践创新研究"（项目编号：22SKDJ031）的研究成果之一。

在撰写本书的过程中，作者得到了许多专家学者的帮助和指导，参考了大量的学术文献，在此表示真诚的感谢。本书内容系统全面，论述条理清晰、深入浅出，但由于作者水平有限，书中难免会有疏漏之处，希望广大同行及时指正。

作者

2023年3月

目　录

第一章　思想政治教育概述 1

　　第一节　思想政治教育的内涵 1

　　第二节　思想政治教育的理论基础 11

　　第三节　思想政治教育的现状 17

第二章　大学生思政课程实践教学模式 26

　　第一节　大学生思想政治课堂实践教学 26

　　第二节　大学生思想政治校园实践教学 29

　　第三节　大学生思想政治社会实践教学 32

第三章　不同背景下的思想政治研究 37

　　第一节　新媒体背景下的思想政治教育 37

　　第二节　"互联网＋"背景下的思想政治教育 42

　　第三节　社交媒体对思想政治教育的影响 48

第四章　大学生思想政治教育实践 58

　　第一节　大学生思想政治教育实践机制建设 58

　　第二节　大学生思想政治教育具体实践路径 73

第五章　大学生思想政治教育创新发展 83

　　第一节　大学生思想政治教育的新手段 83

　　第二节　大学生思想政治教育实践资源创新 114

第六章　大学生课程思政教学构建及实践策略.............................134

　　第一节　大学生课程思政的现实依据.............................134

　　第二节　大学生课程思政的难点分析.............................137

　　第三节　大学生课程思政对学生的影响机制分析.............144

　　第四节　大学生课程思政的教育内容与方法体系的构建.............148

　　第五节　大学生课程思政的实践策略.............................153

参考文献.............................164

第一章 思想政治教育概述

思想政治教育是中国精神文明建设的首要内容，也是解决社会矛盾和问题的主要途径之一。本章将围绕思想政治教育的内涵、思想政治教育的理论基础，以及当前我国大学生思想政治教育的现状展开论述。

第一节 思想政治教育的内涵

一、思想政治教育的历史渊源

自古以来，中国就是一个礼仪之邦，我国对思想政治教育的重视是由来已久的。在历史、文化、意识形态、政治体制等方面，我国与西方各国虽然存在较大差异，但是在以思想政治教育为主的政治教育中，却有着许多相同的地方。例如，重视培养学生的礼貌、诚实、正义感、社会责任感。思想政治教育在我国有着悠久的历史。

（一）原始社会中朴素原始的德育内容

在原始社会状态下，人之所以能够与自然界的动物相区别，就是因为人能够使用工具和进行劳动。在人类共同生活的意识、情感和智慧觉醒的过程中，人类特有的品德也开始萌发。这种品德包括我们与生俱来的对群体生活的认识和群体间的相互依存的集体精神。北京师范大学的黄济教授将这一原生态、朴实无华的道德教育内容称为"生活式的德育"[①]。

---

① 黄济. 现代教育论 [M]. 北京：人民教育出版社，1996.

（二）古代中国的思想政治教育

我国古代对于道德教育内容已渐趋繁荣，先秦及之后的"百家争鸣"现象都展现了非常丰富的道德教育内容，很多思想对当今社会的发展也有极大的研究意义，如法家的"法制"教育、道家的"寻道"思想等，在我国思想政治教育史上留下了浓墨重彩的一笔。

（三）近现代中国的思想政治教育

近代以来我国思想政治教学开始呈现学科化的特点。清末时期民主思想开始不断吸收渗透。在推翻帝制，建立民国之后，开始倡导公民教育，并开始出现"公民"课。现今，思想政治教学是我国学校德育的主要途径，是我国开展精神文明建设的基础和主要形式。培养全面发展的人才，符合我国精神文明建设的思想建设工作标准。

二、不同时期的思想政治教育的概念

（一）早期的思想政治教育

对于思想政治教育的概念，早期的专家学者持有不同的意见，但他们普遍认同其是一种教育和社会的实践活动。思想政治教育受到社会经济、政治制度、文化的制约和影响，是一定的阶级、政党或政治集团为了实现其不同的政治目的，用其政治思想、理论和观点，对人民群众有目的地施加影响，从而转变人们的思想，培养和塑造思想道德素质的工程，这些思想教育、政治教育和道德教育是随着不同的时代社会发展和人类自身发展要求而不断发展与进步的，从而对人们的行动和社会行为有一定的指导作用。不同社会形成的不同的思想道德素质，使人们对世界的认识更加深刻，增强了人们改造世界的能力，使人们为了实现目标和建设美好未来而不断努力。

（二）新时期的思想政治教育

1. 概念

对新时期思想政治教育的定义，尽管存在着一些细微的差异，但是在本质上都是一样的，他们都认识到了在思想政治教育中，教育者与被教育者之间的关系都是统治阶级有意识地进行的政治性教育，只是表达方式略有差异，语气激烈的教育被称为"灌输式教育"，语气温和的教育被称为"引导式教育"。还有一些学者认为，思想教育受到政治的影响，偏向于思想理论教育，是思想教育和政治教育的"交叉"，在这一点上，他们更多的是强调要按照人的思想道德形成和发展规律进行思想政治教育。还有一些学者把思想政治教育看作是一种单纯的政治教育。

2.根本任务

在习惯用语中，我们常常将"立德"和"树人"分开表达，二者含义互不相同。在党的十八大上，强调了"立德树人"的重要性，将其确立为教育的根本任务。长期以来，学术界普遍认为：立德树人是道德教育，强调必须以坚持德育为首要任务。虽然这个想法有它的合理之处，但也有待商榷。虽然立德树人注重德育，但是它并不等同于只进行德育。德育只满足了"立德"的要求，而无法完成"树人"的任务。"立德树人"的含义是通过培养个人的品德和操守，促进人才的成长和发展。其中，"立德"是指树立正确的道德观念和行为准则，而"树人"则强调通过教育和培养来造就优秀的人才。"立德"强调人之所以为人的根本所在，"树人"则强调人才培养目标的全面性。"立德树人"思想强调德育是全面树人理念的一部分，它指的是在将重点放在德育上的同时，也要进行其他方面的教育。在德育为先的前提下，将全面树人理念贯穿于整个教育过程中。"立德树人"这一理念的原意，尤其是"树人"的含义，表达了广泛的教育意义——不仅关注德育，还要重视智、体、美、劳等方面的培育，旨在培养德才兼备、身心和谐发展的全面人才，这也是整个教育课程思想的最终目标所在。总的来看，人才的培养必须同时注重个人成长和人才的培育，不能偏废其中任何一个方面。育人是育才的先决条件和基础。有德无才最多造成培养出"残次品""半成品"，而如果有才无德，那么培养出的人可能就会对社会造成危害，成为一个"危险品"。育才是育人的必然要求，有德无才的人虽然不至于会对社会造成危害，但对社会的发展也没有推动作用，如果国家培养出的都是有德无才者，那么国家的美好愿景和发展目标也就不可能实现。因此，既要注重人的思想道德发展，也要注重才能的培养，才能更好地推动国家建设、社会进步和民族复兴。因此，我们必须实现育人育才的

"共赢"，让社会主义大学培养出真正的"人才"——他们既不是钱理群教授所说的"利己主义者"，也不是威廉·德雷谢维奇（William Deresiewicz）所称的"常青藤的绵羊"，更不是梁思成先生所说的"半面人"或"半个人"，即"只懂技术而灵魂苍白的空心人"或"不懂技术而侈谈人文的边缘人"。一方面，我们需要确保课程中的思想政治价值能够引领专业课、综合素养课以及其他非思想政治课程。另一方面，我们还需要让专业课和综合素养课等为思想政治教育课程提供学术资源和学科支持，以达到所有课程都能够教书育人的目的，培养出德才兼备、身心和谐发展的优秀大学生。

党的十八大以来，习近平总书记就立德树人、思想道德建设、社会主义核心价值观培育等相关议题，提出了一系列全新的、符合时代潮流的观点、思想和论述，为高校立德树人的内涵发展提供了重要指导，同时也明确了立德树人的具体要求。2016 年 12 月 7 日至 8 日，中央召开了全国高校思想政治工作会议，这是在新的形势下首次召开的全国高校思想政治工作会议，对中国高等教育事业的发展具有重要意义。会议提出，需要在教育教学全过程中贯彻思想政治工作，以达到全面育人的目的，引导学生形成"四个正确认识"，同时要满足高校思想政治工作的"三个要求"和"三个规律"，并促进高校思想政治工作的创新和改革的"四个方面"，为高校实现立德树人的根本任务提供了指导方向、内容和路径。

党的十九大作出重大判断，确定中国特色社会主义进入了新时代。这一判断为高校思想政治工作提供了新的理论依据、目标任务、内容形式和时代内涵，从而为高校思想政治工作创新发展和科学发展提供了时代坐标和科学支持。2018 年 9 月 10 日于北京举行的全国教育大会是具有重要意义的一次会议。习近平总书记在会议中提出了一系列新思想、新观点和新要求，旨在加强教育事业的发展，强调了"立德树人"这一核心理念的重要意义、实现方法及价值导向。会议指出，必须坚定不移地把立德树人视为教育的根本任务。"我们的教育必须把培养社会主义建设者和接班人作为根本任务，培养一代又一代拥护中国共产党领导和我国社会主义制度、立志为中国特色社会主义奋斗终生的有用人才。"我们需要不断培养新一代社会主义建设者和接班人，让他们拥有深厚的中国特色社会主义意识，立志为中国特色社会主义事业奋斗终身。在思想道德教育、文化知识教育和社会实践教育的各个环节中注重树立立德树人的观念，贯穿于基础教育、职业教育和高等教育的各个领域，设计学科体系、教学体系、教材体系和管理体系时，需要以这个目标为中心，教师也应以此为教学核心，学生则需要以此为学习目标。对于阻碍这个目标实现的做法我们必须全部改正。我们需要加强教育体制改革，完善立德树人的实施机制，纠正不合理的教育评价方式。这些关键论述包含了两部分含义。首先，它回答了有关"培养什么人"的总体标准，即要培养社会主义建设者和接班人。此外，它还进一步说明了这些人才在思想意识方面的关键特征，即坚定拥护中国共产党领导和我国社会主义制度以及立志为中国特色社会主义奋斗终身。另一方面，我们再次确认了立德树人要贯穿各个环节，并渗透到各个领域，成为衡量高校办学水平的标准和教育评价的导向。因此，建立健全的立德树人落实机制成为一个重要的课题。同时，本次会议提出了"德智体美劳全面发展"的口号。这一口号体现了党和国家在新时期对人才培养的新要求，即通过工作和劳动来培养德行和智慧。这一口号与"四育"思想有着紧密的关系，共同指向社会主义建设者和接班人的培养问题。因此，这一口号使高校在立德树人方面的内涵和意义得到了更为深远和丰富的发展。

以立德树人的目标引导课程思想政治育人共同体，统一思想认识，形成育人意识，达成价值认同。以协同的体制机制构建课程思想政治育人共同体，坚持党的领导，形成各部门齐抓共管的育人格局。以系统的制度体系固化课程思想政治育人共同体，通过建立健全责任制度，把各项任务落实到个人，形成严格的责任链条；激励全体教职工积极主动承担育人职责；完善各项保障制度，以推动课程思想政治工作深远持久地进行，强化课程思想政治育人工作效应和意识，保障课程思想政治工作行稳致远。

习近平总书记指出："青年兴则国家兴，青年强则国家强。青年一代有理想、有本领、有担当，国家就有前途，民族就有希望。中国梦是历史的、现实的，也是未来的；是我们这一代的，更是青年一代的。中华民族伟大复兴的中国梦终将在一代代青年的接力奋斗中变为现实。"这代表了我们党对新时代年轻一代的定位和期望，也代表了高等院校在培养时代新人时所面临的要求和责任。习近平总书记在全国高校思想政治工作会议上强调，应该坚持将培养高尚品德和价值观作为教育教学的核心，贯穿整个教育教学过程，实现对所有学生的全面、全程和全方位的培养。基于思想政治课程的天然价值引领，课程思想政治与高等院校的专业课程相互协同，共同致力于培养符合时代要求的新一代人才，并形成有机的系统合作。课程思想政治建设在培养有道德、有人文素养的新时代人才的过程中非常重要，因为课程思想政治与时代新人的自然特性十分契合。这种契合能够使二者不断协同发展，在同一个方向上前进。考虑到这一点，我们需要在教育教学中接受并注重价值观的引导，以建构全员、全过程、全方位的培养模式，这样才能培养出个人思想与国家理念相一致、个人技能与社会发展相匹配、个人责任与历史进展相呼应的新时代人才。

根据马克思主义的观点，从现实性来说，人的本质是一切社会关系的总和，人是教育的目的而不是教育的手段。在现代高等教育中，越来越多的人意识到课程思想政治的重要性，因为现代高等教育不仅需要知识的传授，同时也要重视价值观的引导。考虑到我国的实际情况，新时代高校需要承担立德树人的使命并实现时代新人培养目标，这两者具有相同的含义。因此，高校应当注重系统性、目的性和方法适用性，遵循科学的人类发展规律和教育事业发展规律，实现立德树人的培养目标。中国特色的课程思想政治体系建设必须始终坚持习近平新时代中国特色社会主义思想，并以培养德才兼备的时代新生力量为出发点和目标。因此，构建课程思想政治体系与立德树人的理论和实践是密切契合的。

三、思想政治教育的基本内容

普通高等院校在进行思想政治教育时，要在充分考虑受教育者实际思想需求的同时，做到与时俱进，紧跟时代发展的步伐。

（一）培养正确的世界观

人类对世界的基本认识和看法，实质上是人类对人与世界的认识、对人类的生存价值和地位的认识以及对世界本质的看法。当前，我国高校学生正处在建立正确的世界观的关键阶段，在这一阶段，学校需要用科学的理论作为指导。在马克思主义理论的指导下，我们党确立了自己的政治奋斗目标和政治方向。我国的普通高校一直受红色旗帜的引领，所以，在思想政治教育中，马克思主义科学理论是其世界观教育的重要内容。马克思主义科学理论教育主要是从马克思主义认识论、唯物史观等方面进行阐述的。在新的历史条件下，必须坚持以马克思主义理论为我国社会主义现代化建设的指导思想，坚持进行以马克思主义为主要内容的理论教育。大学生作为保障国家稳定发展的主要力量，必须接受科学的理论教育，提升政治素质，确立政治立场，在将来为祖国的发展做出自己的贡献。

（二）树立崇高的理想信念

在普通高等院校中，培养高尚的理想信念是一项核心的教育内容。共产主义是我们党一直坚持的理想信念，正因为有了这样的信念，我们党才能战胜困难，取得革命建设和改革的成功，我们的国家才能迎接挑战，在排除困难、有效解决问题的同时保持稳定发展。作为普通高校的大学生，也要有坚定而正确的理想信念，才能朝着正确的方向不断前行，为国家未来的发展做出贡献。大学生是民族振兴的中流砥柱，他们的发展将直接影响到民族前途命运，关系到中华民族伟大复兴"中国梦"的实现。

（三）培养爱国主义情怀

爱国主义教育是推动国家稳定发展、历史向前推进的强大精神动力，它体现了一种将热爱祖国、报效祖国、忠诚于祖国的思想、意志、情感融为一体的社会意识形态。在新的发展时期和历史背景下，爱国主义教育仍具有十分重要的意义。普通高等院校的爱国主义教育主要是让学生学习和了解我国的党史、国史以及党情、国情等基本知识，并在其中穿插民族团结和国家安全方面的教育。在新的时代背景下，大学生的爱国意识和对祖国的内心归属感要通过爱国主义教育来强化。所以，爱国主义教育既对学生自身的发展有好处，培养了他们的爱国主义情怀，还关系到国家未来的前途和命运，为国家的稳定发展打下坚实的基础。

（四）继承和发扬传统文化

一个国家的文化反映的是这个国家的历史发展及具体国情，我们的传统文化，代表着我们国家深厚的历史文化底蕴，是我们国家和民族的精神和灵魂。我们的文化具有数千年的悠久历史，它是我们民族的根本，我们应该把它传承和发扬下去。高校的思想政治教育不能与传统文化割裂开来，要使学生对中华传统文化有一个全面的认识，从而更好地继承和发展中华传统文化。我们在传承与弘扬传统文化的时候，要以批判的方式继承与创新，让中华优秀传统文化根植于当代年轻人的心灵，并将其转化为自己的品格和行为准则，让其在新的时代焕发出新的生机，绽放出新的光彩。

四、思想政治教育的目标

（一）思想素质目标

要坚定贯彻马克思列宁主义、毛泽东思想、邓小平理论、"三个代表"重要思想、科学发展观和习近平新时代中国特色社会主义思想，明确辩证唯物主义的思想，树立正确的"三观"，在生活中不断锻炼自己，尝试运用马克思主义的方式方法进行思考和判断；培养集体至上的"三观"，明确个人利益要服从国家利益的思想，抵制"享乐主义"和"拜金主义"；对建设富强的祖国充满信心和力量，为祖国燃烧才是青春最好的归宿。

（二）道德素质目标

以集体利益为最高荣誉，个人利益要服从于集体利益，坚信团队合作的重要性和必要性；吃苦耐劳、勤俭节约，在生活、学习、工作中做到艰苦朴素，吃苦在前，享乐在后；遵守法律，热爱国家，懂礼貌，讲诚信，团结和睦；积极进取，具有正能量思想，用乐观豁达的心态面对生活；对于工作和学习要充满干劲，秉持着严肃认真的态度，能听取各方的意见和建议，努力提升自己的道德修养。

（三）政治素质目标

对于我国的国史和国情要了然于胸，对于我国传统文化的优秀之处要加以发扬和继承，不忘初心，坚持中国共产党的领导，继承先辈的革命斗争精神和传统，坚决维护祖国统一和团结，将祖国的利益和荣誉放在首位。具有献身祖国、报效人民的思想觉悟，坚定拥护党的领导和国家的政策方针，做忠诚的爱国主义者。

（四）法纪素质目标

要致力于弘扬全民民主法治的风气，自发学习我国宪法，能够做到正确行使公民权利、维护公民利益、履行公民义务。要从根本上培养高校大学生的法律意识，教导学生做到自我约束、自我管理，能够运用法律做出正确的判断和决策。

培养学生的勇气和承受挫折的能力，在校内遵守校规校纪，在校外遵守社会公德和法律法规，自觉主动帮助维护学校和社会的正常公共秩序，深刻领悟法治社会的建成需要每个人来努力，要让法治变为信仰并融入高校大学生的思想政治教育中，才能让思想转化为实际行动，让法纪素质教育贯穿始终。

（五）心理素质目标

心理素质是一个人心理过程和心理特征的体现，是衡量每个人在情绪意志、性格、行为等方面的综合标准体系。要培养高校大学生形成坚强、自爱的性格，增强他们的抗打击和受压能力，使其具有比较好的自我调节能力，这将有利于高校大学生未来的事业发展和家庭生活，保证他们在遇到挫折时可以不丧失勇气和信心，并不断努力摆脱困境，保持良好的心态，从而拥有美好的人生。

五、思想政治教育的功能

大学生思想政治教育既是中国特色社会主义思想政治教育教学实践活动顺利开展的保证，又能够培养和树立大学生的马克思主义价值观念、立场和方法以及社会主义核心价值观，促进高校在教学活动中融入中国理想信念、价值和精神。

（一）促进高校学生的全面发展

个人和社会的本质是相同的，只有通过实践才能实现二者的有机统一。高校学生的全面发展要以其思想的发展为前提，因为只有在思想观念正确的前提下，才能为学生提供正确的引导，使其在其他方面取得更好的发展。在现代社会中，随着时代的不断发展，思想政治教育扮演了非常关键的角色，它不仅是学生认识世界的桥梁和思维工具，而且贯穿于学生全方位的发展过程中。

（二）高效完成教学任务

作为最基本的指导理念，思想政治教育教学最重要的作用是确保师生能够顺利、高效地完成思想政治教育的教学目标。该实践活动能帮助教师更透彻地领悟其本质和规律，同时有助于学生更好地掌握教学内容，协助教师完成既定的教学目标和要求，进而达成良好的教学效果。

思想政治教育是我们认识该课程教学实践活动本质与规律的基础。人们通过对思想政治教育教学的研究，建立正确的、科学的范畴体系，能对教学实践活动有更深层次的认识，有助于揭示研究对象的本质和规律。

思想政治教育教学对教学的思维方式具有引导更新作用，使思维与时俱进。在对思想政治教育研究、推演的基础上产生思想政治教育教学的具体内容，这实际上就是思维运动的结果，通过对已经存在的范畴进行深一步的探索，产生新的范畴并揭示其概念。通过对教学范畴的不断深入研究，它能对教学过程中的各种现象的认识从感性层面上升到理论层面，为思想政治教育教学实践活动指明方向，确保师生顺利高效地完成教学任务。

（三）坚持社会主义办学方向

高校工作的重点在于培养优秀的人才，而优秀人才的培养深受高校办学方向的影响，即办学方向和办学方式是优秀人才培养问题的实质。我国是一个社会主义国家，我国的高校需要严格遵循社会主义的办学方向，这对确保高校办学方向、提升学生质量、丰富教学内容有着极其重要的意义。

（四）培育和弘扬社会主义核心价值观体系

思想政治教育在本质上是关于"人"的工作，对于这一重大转变，思想政治教育的主题也应随之调整，不仅要满足人的精神需求，还要给予人们正确的思想引导，做好主流价值观的指导，将社会主义核心价值观作为有效解决问题、消除矛盾的行动指南。

高校学生正处于价值观开始反思、裂变并最终成型的时期，迫切需要社会主义核心价值观来进行正确而强有力的引导，要准确把握主流意识形态，在高校学生面对价值选择的困惑时，用社会主义核心价值观对其进行教育和开导，教会他们选择和取舍。

思想政治教育教学过程也是培育和弘扬社会主义核心价值观的实践过程，这个实践过程毫无疑问需要理论的指导。这与教学的发展状况和水平息息相关，能够充分展现思想政治教育教学的规律。通过学习和理解这一规律，能够更好地激发师生的主观能动性，引导学生自觉树立社会主义核心价值观，承担起弘扬这一价值观的责任。这样，在教学过程中，这一价值观就得到了更好的培育和弘扬。

学生能否自觉树立正确价值观与对思想政治教育教学的研究程度高低相关，

因为思想政治教育的研究直接影响其理论框架的建立，而学生的价值观形成与其对知识理论的认知程度密切相关。学生认知和认可马克思主义理论的程度越深，他们就越能理解和认识社会主义核心价值观，从而使价值观的培育和弘扬工作顺利开展。

第二节　思想政治教育的理论基础

一、坚持马克思列宁主义

正如列宁曾经批评"国家"这一概念被资产阶级学者弄得混乱不堪一样，20世纪 60 年代以来，西方学者对"意识形态"的定义有着多种多样的表述。新时期，要牢牢把握意识形态工作的领导权、管理权和话语权，就必须以马克思主义为指导，科学认识意识形态、把握意识形态，构筑"政治界限"。

"意识形态"是一个现实性极强但又复杂的词语。在政治学理论中，"意识形态"是一个复杂的概念，许多思想家和学者从不同的角度和出发点对其作出了不同的界定，各种定义莫衷一是，导致"意识形态"这一概念在一定程度上被滥用和变得混淆不清。

意识形态也是政治学中的重要概念，它被认为是政治文化的核心内容，是使政治体系合理化的重要因素。并且，自 20 世纪 60 年代以来，意识形态研究的方法、途径和领域不断得到拓宽，意识形态研究已经与文学、社会学、教育学乃至心理学等学科结合，成了政治学研究的重要领域。

"意识形态"这个概念的理论渊源来自英国哲学家、科学巨擘弗朗西斯·培根（Francis Bacon）在其著作《新工具》中提出的"四假象说"。培根认为人类自身或社会的因素在人们认识外部世界的过程中分别造成"种族假象""洞穴假象""市场假象""剧场假象"，这给人们认识外部世界造成了种种障碍[1]。那么，人类应当怎样克服种种偏见和错误的观念，从而形成正确的、科学的观念呢？这个问题成了促使意识形态概念产生的动力。

---

[1] 弗朗西斯·培根. 新工具 [M]. 上海：上海译文出版社，2022.

法国大革命时期的学者德斯蒂·德·特拉西（Destutt de Tracy）在其出版的《思想的要素》（又译为《意识形态原理》）中正式提出了他所创造的"意识形态"（ideology）这个名词，这是"意识形态"一词第一次出现。在特拉西看来，意识形态是一门研究解释人类观念上的偏见和成见的来源的科学，即"观念的科学"。这种提法一开始得到了拿破仑的支持，但后来由于拿破仑与意识形态家的政见不同，拿破仑又转而批判意识形态家是"空想家"，诘难意识形态破坏了国家的秩序。此后，"意识形态"被赋予了贬义，人们在很长时间对其弃之不用。

随着德国哲学家曼海姆（Mannheim）的《意识形态与乌托邦》在1929年出版，以及马克思、恩格斯在1845—1846年合著的《德意志意识形态》的出版，意识形态研究又重新流行起来。及至第二次世界大战后，学界关于意识形态的研究达到了顶峰，并成了一门系统的学问。虽然在20世纪五六十年代，行为主义学者把意识形态看作一种"官方思想"，认为当时是"意识形态终结"的时代。然而随着女权主义、生态主义等新的意识形态的出现，以及行为主义研究走向衰落，意识形态研究又重新受到了关注。

虽然马克思和恩格斯没有对意识形态作出一个统一的、清晰的界定，但是，在《德意志意识形态》《1844年经济学哲学手稿》《共产党宣言》等著作中，马克思、恩格斯较为系统地论述了意识形态。在马克思、恩格斯看来，意识形态是与资产阶级联系在一起的特定概念，其内涵主要有：第一，意识形态是一个包括政治法律思想、道德、哲学、宗教等具体形式的总体概念，是基于一定社会经济基础之上的上层建筑的一部分；第二，意识形态是社会生活过程在人脑中的反映，是社会的产物；第三，由于意识形态只反映统治阶级的利益和意志，因此是对社会现实错误的、扭曲的反映；第四，意识形态是一定社会历史阶段所特有的产物，当无产阶级掌握政权，消灭了阶级、剥削和压迫后，意识形态就会消失。

伟大的革命导师列宁创造性地发展了马克思和恩格斯的意识形态理论。在1902年出版的《怎么办？》一书中，列宁认为意识形态不是资产阶级所特有的，无产阶级也具有意识形态，也就是社会主义的意识形态，即科学社会主义。无产阶级的意识形态在工人群众中不会自发地产生，需要通过外部的灌输。此后，意识形态已不仅仅与资产阶级相联系，而成为一个中性的概念。

在马克思主义后来的发展过程中，意大利著名马克思主义理论家安东尼奥·葛兰西（Antonio Gramsci）通过"文化霸权[①]"理论，法国马克思主义哲学家路易·阿尔都塞（Althusser）通过"意识形态国家机器[②]"理论，从不同角度深化和发展了马克思主义意识形态学说。要全面地理解意识形态这一概念必须掌握其基本特征，意识形态的内涵决定了其具有以下基本特征。

第一，总体性。意识形态作为与一定经济基础相适应的社会上层建筑的一部分，是由各种政治法律思想、经济思想、社会思想、伦理、艺术教育、哲学、宗教等具体的意识和观念形式形成的一整套思想和信仰体系。在意识形态中，政治法律思想、经济思想和社会思想处于与现实政治联系最为紧密的第一层次，它们直接反映着统治阶级和社会利益集团的根本利益。意识形态这一部分直接维护着统治阶级的统治地位及根本利益。所以，在每一次革命和改革进行时，意识形态这一层次的斗争总是最激烈的。意识形态的第二层次是伦理、艺术、教育。这一部分与现实政治的联系没有第一层次那么密切，但是这一部分的意识形态与社会成员的日常生活息息相关，并影响着人们的政治心理的形成和改变。意识形态的第三层次是哲学和宗教。这部分意识形态与现实政治的距离最远，却通过世界观和信仰的方式对现实政治给予决定性的影响。意识形态的三个层次相互联系，相互影响。意识形态的斗争在各个层次都会表现出来。如在 16 世纪达到高峰的文艺复兴运动，就是新兴的资产阶级与封建贵族的斗争在艺术、哲学和宗教领域的体现。

第二，渗透性。在现实生活中，意识形态的各种形式之间会相互渗透。如人类关于生态保护的社会思想就与政治思想相互融合，形成了自 20 世纪 60 年代以来影响颇大的生态主义、生态社会主义等意识形态。在经济全球化不断加强的背景下，意识形态的渗透性还表现为不同意识形态之间的相互渗透。随着世界经济的发展，各国政治、经济、文化等各方面联系不断密切。在这种情况下，各种意识形态之间也互相交错、渗透、吸纳、借鉴。

通过以上论述，我们应该认识到坚持"马克思列宁主义"的重要性，只有高举"马克思列宁主义"，才能在意识形态领域掌握更多的主动权。

---

① 盛立民. 作为整体生活方式的文化：雷蒙德·威廉斯文化唯物主义思想研究 [M]. 天津：天津人民出版社，2021.
② 路易·阿尔都塞. 保卫马克思 [M]. 北京：商务印书馆，2010.

二、其他理论基础

（一）心理学理论

在教育中，掌握心理学对人的影响是思想政治教育的基础。因此，我们需要从源头出发，通过构建教学体系来促进对学生的思想政治品德的培养。在这个过程中，我们也可以看到学生个体心理活动的变化和心理波动。心理学的相关理论和方法在思想政治教育中具有重要作用，能够生动地展示学生思想品德形成过程中所产生的心理活动。深入探讨如何设计出切实可行的教学过程，能够揭示学生在教学活动中个体知识、情感、意志、信仰和行为等方面的心理变化。通过对此过程进行分析研究，我们可以抓住内部规律并建立一种适应学生心理特点的思想政治教育。除了观察学生在教学实践中思想品德形成的心理规律，心理学中的其他相关理论，如需求理论、动机理论和意识形态理论，也为思想政治教育的研究提供了新的角度，从而创造了具有全面性和广泛性的思想政治教育体系，使其能够经受各门学科的检验。

（二）教育学理论

教学活动是教学体系中的重要组成部分，它包括课程内容总体设计、课程活动的主体与客体、教学目标、教学工具和教学成果等多个方面。教学活动中，德育和智育是协调统一的，教学的范围没有局限于课堂，而是延伸到校园外和社会中。因此，教学活动的整个过程与教育学中对于教学活动的研究是相吻合的。因此，我们需要参考教育学中关于教育规律和教育活动的基本原理，以构建出高质量、高水平的思想政治教育教学体系。

教育学可以为思想政治教育的实践活动开展提供客观依据，帮助规划课程和提供实践活动的组织方式，并且能够指导教学过程中的规范实施，站在教师的视角探究如何让学生高效地参与到教学活动中。为了确保教学规范的实施，规范的内容需要与教育学研究的核心内容保持一致。从教育学的视角出发，我们探讨内容、原则、方法和评价都是为了实现德育目标。教育学中探讨的不同的教学方式与在思想政治教育教学中开展的多样化的教学活动相结合，旨在引导学生将书本上的理论知识运用到实际中，从而培养其实践能力，达到育人的目的，实现与教育学的融合。

（三）社会学理论

社会学是从特定层面和特定角度分析研究作为社会主体的人以及人与社会复杂关系的一门学科。社会学理论为高校思政课的教学提供了理论基础。

首先，在高校中，思政课程的实践活动能够让大学生身临其境地接受思想熏陶和教育，这些经历主要是通过参与社会活动来实现的。思想政治课实践教学可以最直接地促进大学生的思想社会化，这恰好是社会学的主要研究领域。

其次，现代大学生积极加入社会、参与实践教学，不仅可以提早了解一些社会规则，还能够掌握一定的社交技能。此外，与社会相关行业人士的交流有助于加深大学生对社会的认识，提前体验社会生活，并形成良好的社会角色感悟，从而为他们将来步入社会打下坚实的基础。这是大学生真正进入社会之前的演练，这种演练有助于他们将来更快地适应社会生活并积累相关经验。

再次，大学生在各种社会群体和组织中接受教育的经历、方式、体验和教训，为思想政治教育的理论研究提供了重要的素材，从而提高了该理论的可信度和说服力。

最后，社会学涉及社会生活的多个方面和多个领域，它研究的诸多问题，如社区文化、社会整合等都对开展高等院校思想政治教育具有重要的参考价值。

（四）我国古代的教育与思想

1. 廉政文化教育

中国拥有五千年的廉政文化基础，中国历代王朝的治理都非常重视推进廉政建设。例如，明朝开国皇帝朱元璋，可以说是中国历史上反腐倡廉最果决的皇帝。朱元璋认为，贪污超过六十两银子的官员应该被毫不留情地处决，甚至对开国功臣也不应该手软。此外，清朝的雍正也是著名的反腐皇帝。历史资料显示，雍正刚刚掌权时，国家税收不足，国库空虚，官僚主义盛行，官员贪腐猖獗。他克服了各种阻力，对赤字进行了大规模检查，设立了会考府，实行耗羡归公和养廉银制度，取缔陋规。他治贪严厉，雷厉风行，使清朝的财政状况在短时间内得到明显改善，官员的腐败现象也逐渐减少。历代思想家和政治家所创造的反腐败思想和倡导措施，不仅对当时的政治和经济发展起到了重要的推动作用，而且也是一份非常宝贵的历史遗产，至今仍带给我们很大的启示。积极吸收古今中外的优秀反腐文化，丰富和完善现有的反腐体系，开展大学生反腐教育学习和研究中国古代反腐思想活动，不断总结、创新和深化反腐文化资源，使之成为大学生反腐教育的能源。

2. 重要品质传承

（1）见贤思齐

自律是成功的保证，而内省是成功的关键，一个不擅长内省的人很难取得成功。自我反思是自我意识和主动性的表现，是提高道德修养的有效方法。当事情发生时，寻找别人的过错还是自我反省，是一个人能否进步的分水岭，也是一个人的美德能否真正提高的标志。曾子有句名言："吾日三省吾身。"意思是说每天都要多次反思自己的言行。有深厚道德修养的人都勇于进行自我批评和自我反省。

（2）保持善良

我们每一个人都应该有一颗善良的心，这样才能够将社会变成一个干净、纯洁、美丽的家园。"勿以善小而不为"，一个小小的善意之举也许会对他人和社会产生意想不到的影响。

（3）勤俭节约

节俭是培养廉洁文化的重要途径，节俭不是天生的本能，而是由经验、榜样和远见激发的道德品质，这是教育的结果。树立勤俭节约的意识，有助于我们在物质诱惑面前摆脱贪婪和奢侈的观念，树立正确的消费观。

（4）诚实守信

我国是拥有五千年历史的文明古国，一直非常重视诚实守信的道德修养。诚实是对我们言行的一种约束和要求，声誉和信任是我们的希望和追求。例如，一名职员代表个人或单位做事，如果他不诚实守信，那么他所代表的社会组织或经济实体也将不被人们信任，从而无法与社会形成经济联系，或者对社会没有吸引力。因此，诚实守信不仅属于社会道德，也是每一个职场人都应该遵守的职业道德。

最后，我们应努力成为"标兵"，遵守规则纪律和法律法规。在平时的生活、学习过程中，如果发现有不守规矩、违反纪律的行为，要勇于提出批评意见，捍卫规则和法律的权威，并以自身的行为影响身边的人。

第三节 思想政治教育的现状

一、当前思想政治教育的特点

随着时代的发展变化和改革的纵深推进，高等院校的思想政治教育也发生着深刻的变化和调整。新时期背景下要着力增强思想政治工作的时代性感召力。对于高等院校来说，其显著特征就是"政治性"。从人员构成来看，高校从事教育工作的人员中，拥有硕士研究生及以上学历的占绝大多数；从工作的本质来看，高校的工作是复杂的、非单一的，它的主要工作是科学研究，但同时也要遵守高校的有关规章制度；从学生参与程度方面来看，应在保持教育内容一致性的基础上，加大对思想政治教育内容创新的探索。

开展高等院校思想政治教育创新性研究，首先要对高等院校教育实施者和受教育者的现状进行分析。

（一）相关主体方面的特点

高等教育是针对具备较高学历的人群提供的一种教育形式。与小学和中学阶段的区别主要表现在以下几个方面。在人员结构上，高等院校的教育实施者由具备高学历的人群构成，其比例超过了80%，与常规学校按比例混编不同；在工作性质上，高等院校的工作主要集中在科学研究方面，而常规训练的重复性工作较少；在学历要求上，越来越多的人选择攻读硕士研究生和博士研究生，这意味着高等院校对学历的要求越来越高，学历已成为高等教育准入的必要条件。高等院校更关注人才留用，因此员工流动性低，主要骨干力量在35～40岁这一年龄段。高等院校独特的组织结构，使得对从事高等教育工作的人员进行分析这项工作具有重要的意义。

1. 教育人员思想状态稳定

就价值观而言，高等院校教育工作者总体上思想稳健，对于大是大非有强烈的政治定力和高度的政治觉悟。高等院校在培养学生的价值观方面发挥着重要作用，这不仅仅是因为他们有系统的政治教育体系，更是因为教育工作者在不同成长阶段逐步积累的认知经验。在高等院校中，思想政治教育要按照上级的整体要求进行，但是对于教育工作者的理想信念、道德观和价值观的塑造会采用更加具体的方式进行，比如爱国主义教育，会结合实地考察、特殊节日庆祝等方式进行。考虑到不同人员的学历和级别结构，政治教育将更加倾向于弹性化，因此，针对性谈心教育方式将逐渐代替之前的统一性集中教育方式。

2. 教育人员职业规划面临挑战

在职业规划方面，教育人员和学生都面临着不少挑战。从教育人员的情况来看，他们对于自身的职业前景无法作出合理的规划，如换岗问题，受多种因素的影响，某一岗位人手短缺，因此需要调配其他岗位的人员填补空缺，这就会导致一些人不得不放弃自己原本的专业，这对于个人职业发展来说是相当不利的。由于比例上的限制，许多中年优秀骨干因为无法晋升而离职，不合理的人才评价制度无法精准地量化评价教育工作者，此外，高等院校改革尚未完成，这些现实矛盾造成了很多不确定性，影响着教育工作者的长远职业规划。

类似的问题还包括学生所学专业知识和就业方向不匹配的情况，这种情况对学生的思想政治教育也是非常不利的。因此，许多学生会认为学校的思想政治教育对个人在未来的工作实践也不会有什么帮助。

3. 学生心理问题的出现

很多大学生在大学阶段会出现一定的心理问题。心理问题的诱发原因有很多，且不容易被发现。因此，关心学生的心理健康，并进行心理健康教育，提供心理健康指导和关爱，是高等院校思想政治工作者的重要关注点。

4. 学生生活方面的变化

大学具有浓厚的学习氛围，管理有序而开放，学生拥有大量的可自由支配时间。因此，学生的生活理念比较自由开放，注重自身的生活品质。青年学生的思想充满活力，他们很容易接受新鲜事物。在这种情况下，思想政治教育工作者需要认真分析现状，并以此为基础进行创新性的思想政治教育研究和工作。

（二）思想政治教育的时代特征

随着国内外形势的不断变化，我国的时代任务也不断改变，高等院校的地位不断提升，在党的领导下保持着旺盛的活力和蓬勃的生命力。在目前国际局势不容乐观的形势下，只有加强理论层面知识的学习，才有可能在未来的竞争中打好主动仗。同时，如今的重点问题在于网络上充斥的不良思想，可以说高等院校思想政治教育还需要坚持不懈地与网络上的反动言论、错误思潮做斗争，要坚决抵制。

高等院校的思想政治教育强调要做到"真实可靠"，让工作深入人心。要以实际行动来影响学生，思想政治教育者应该将所学、所想、所讲、所做有机地结合起来，确保自己所教授的知识能够真正应用于实践中，做到知行合一、言行一致，成为学生学习的榜样。高等院校从事研究的人员在思想政治教育工作中，可以用"两弹一星"精神来凝练和概括。一是热爱祖国和无私奉献精神。参与"两弹一星"工程的科研人员都怀着深深的爱国之情，不惧艰辛与困难，义无反顾地前往戈壁试验场，隐姓埋名，从而成功建设了中国第一个核试验基地，使我国成为拥有核武器的大国之一，形成了坚不可摧的战略威慑，为后续的经济建设打下了坚实的基础。二是注重自主创新、勇于拼搏的精神。在原子弹研制过程中，科研人员全凭自己的能力，从基础理论开始，使用简陋的计算器和计算尺废寝忘食地计算，不轻言放弃，最终成功地研制出了原子弹。三是积极协同、敢于挑战自我的精神。在"两弹一星"的研制过程中，需要团队共同协作完成大量工作，这要求整个团队具备强大的集体智慧、效率和创造力，并且确保团队成员的思想高度一致。在整个系统工程中，思想政治工作的重要性不可低估，这包括激发人员的思想动力、定期的互动沟通、长期的精神支持等各种工作。这些工作的实施，为整个事业的成功打下了坚实的思想基础。

目前，高校在开展思想政治教育时，具有以下几个特点：首先是注重将精神培育、理想信念教育、法治教育等方面进行本土化处理。这种方法通过内容的创新，拓展了学生的视野，提高了教育的水平和质量。其次是重视创新教育思维，以更富有生机和活力的方式满足学生的需求和思想。再次是强调创新教育方式，充分利用社会、家庭和学校等其他平台，以寻找最佳的教育资源。最后强调把大道理、正道理、实道理讲好的重要性。

二、思想政治教育存在的问题

（一）思想政治教育的教学滞后

1. 教育模式落后于时代发展

习近平关于网络意识形态工作的重要论述表明意识形态斗争的主战场已经转移到了网络上。大学生是时代潮流产物的追随者，他们不可避免地会被网络上的信息所扰乱而陷入困惑。在这种现实情况下，已经有很多高校能够顺应时代的需求，搭建起了网络思想政治教育平台。但是，仍有一些高校没有重视对其的建设和发展，甚至有一些高校还没有意识到网络教育的重要意义，完全没有触及该领域，他们还在维持着传统的课堂讲授教学模式，无法激发大学生对于思想政治内容的学习兴趣。因此，高校必须顺应时代的需求，不断更新自己的教学模式。

2. 思想政治教学主体发生转变

我国思想政治教学的主体现在正处在变革的过程中，尊师重道是我国的教育传统，从我国古代延续至今的传统观念决定了教师地位与学生地位的不平等性的特点。在新时代的教育和社会新的要求的促使下，我国逐步由教师主体向学生主体转变。思想政治课教师在如何开展教学、如何对待学生等问题上都要体现学生的主体性原则。学生不仅仅应该是学习的受体，更应该是发挥主观能动性的主体。在思想政治教育教学积极倡导以学生为主体的大背景下，各学校积极开发新的教学模式，以取代旧的思想政治教师主导的教学模式。"翻转高校思想政治课堂""微课""慕课"等都得到积极运用。但这其中就存在一个"度"的问题，思想政治教学内容的特性、教学科目的特点、学生的年龄特点和学习能力等决定了各高校应该进行有针对性的发展，而不应该盲目、仓促开展新的教学模式。

3. 思想政治教育内容落后

习近平总书记对思想政治工作的论述，具有鲜明的时代性。对高校来说，时代性是一种内在的要求。在高校里，向学生传授的课程，既有马克思主义理论，也有马克思主义中国化的内容，这些内容是马克思主义理论在中国时代化的背景下产生的，具有很强的时代特征。但是，通过对高校思想政治工作的实际考察，发现高校思想政治工作的内容还远远不能跟上时代的需要。虽然目前大部分高校都可以将重大会议精神及时地传达，并及时地对思想政治教材内容进行更新，但仍有一部分高校忽略了这一工作，造成思想政治教育的内容还停留在陈旧的理论层面上，没有体现出时代化的特征，导致学生们对国家新政策和会议精神的理解还存在着不足。高校思想政治教师应具有较强的政治敏锐性和政治觉悟，将时政内容合理地融入课堂，唤起学生的学习热情，提升思想政治教育的效果。

4.思想政治教学形式因循守旧

教学内容的切实贯彻，教学任务的完成总需要一定形式的高校思想政治课堂或者其他教学方法来实现。近年来，学校教育开始注重以学生为主体，思想政治教学课堂形式的重心开始向以学生交流谈论为主转移。为激发学生的学习动力，学校开始用一些奖品、积分等方式奖励，期望以此激励学生认真学习知识、提高能力。其中活动式教学法作为一个比较新的教学方式得到了很多学校的推崇。但对于活动式教学也是需要注意"度"的问题，活动是激发学生兴趣，引导学生独立动手实践完成任务的好方式，但如果在思想政治教育教学的课堂中滥用活动，往往会本末倒置，引起负面效果。比如，在政治课程中，新教材中插入了法治方面的内容。对于这一教学内容，高校思想政治教学课堂开展活动往往采取一些新形式的情景剧与图片等，这显然不符合普及严肃理性的法治知识、树立法治意识和观念的要求。因此，对于教学形式的转变，教学内容的相关问题还需进一步完善，关于使用活动等新颖形式激发学生学习的动机问题也需要进一步探讨。

5.思想政治教学课堂局限性过强

思想政治教学不同于其他学科的学习，它有明确的核心理念的教学内容倾向，是对某些思想内容的强化和灌输。因而很多高校的思想政治教育教学课堂中经常会出现设计性过强、范围过窄的问题。

全球化影响和改变了包括教育在内的人类生活的方方面面。我们越来越受到多元文化与知识的渗透，对于思想政治教学中发现的问题应该有一个更合理的态度。

（二）思想政治教育的教师能力不足

随着国家越来越重视对马克思主义理论学科专业人才的培养，各个高校对这门课程的教师选聘标准的规范化以及对教师的培训力度的加大，使这门课程教师的总体素质与以往相比有了很大的提升，这在某种程度上提高了该课程在大学生中的认可程度。但是，该课程的相关教师的综合素质还有待提升，主要体现在以下几个方面。

1. 职业使命感及其地位、待遇有待提升

造成部分大学生思想政治教育课程教师职业使命感有待提升的原因是多方面的。首先，部分大学生思想政治教育课程教师的专业认同感和专业理想信念有待加强。专业认同感和专业理想信念是此课程教师爱岗敬业的重要精神支柱，然而现实生活中，一部分教师因对此课程的价值和作用认识不到位，而只把自己所从事的该课程教学看作是谋生手段，认为只需要按部就班地完成学校、学院安排的教学任务即可；同时，部分教师因自身的共产主义理想信念不够坚定，而对自己所学专业和课堂上所讲内容不信服，这在一定程度上影响着他们的教学热情和动力。缺乏专业认同感和专业理想信念的教师是不可能把此课程教学作为一项神圣的事业去追求，从而产生自豪感和使命感的。其次，大学生思想政治教育课程教师的现实地位有待提高。虽然国家极为重视高校思想政治课程的建设和发展，并赋予了其较高的理论地位，但现实中，此课程教师却因思想政治教育课程被冷落、不被需要而被其他学科教师、学生、家长和社会所看轻，使他们得不到相应的尊重和关注，感受不到作为一名大学生思想政治教育课程教师应有的荣誉感，这使得他们逐渐丧失了原有的自信和教学热情。最后，大学生思想政治教育课程教师的经济待遇有待提高。虽然大学生思想政治教育课程教师扮演着道德示范和具有无私奉献精神等的社会角色，理应追求高尚的精神境界，但只强调无私奉献精神，不追求物质利益是不现实的。因此，作为一名生活在经济社会中的大学生思想政治教育课程教师，同样有追求自身利益的权利和现实需求。但现实情况是，一方面，该课程教师所从事的塑造人、培养人的教学活动和社科类科研均属于理论性质的，很难直接转化为现实生产力，使得他们所获得的实际经济收益与社会其他行业或同行业的其他学科教师相比不占优势；另一方面，此课程教师不仅承担着全校的思想政治理论课程教学工作，而且担负着对大学生进行日常思想教育和道德引导等的职责，然而他们所获得的报酬和福利待遇与其所承担的责任和实际工作量却是极其不匹配的，这会极大地削减他们的工作热情。

2. 理论素养有待加强

大学生思想政治教育课教师要具有深厚的思想政治素质。作为大学生思想政治教育课教师，党员身份是硬性条件，而且必须具有较强的政治素养。大学生思想政治教育课教师是中国共产党的坚定拥护者，是先进文化的传播者，是学生健康成长的引导者，应坚持正确的思想政治方向，当好学生成长道路上的引路人。

大学生思想政治教育课程不仅具有特殊的功能属性，同时，它也是一门学术性的课程，它要求这门课程的教师可以在某些特定的问题上进行清晰的、有说服力的解释，从而提高自身的学术魅力，因此，这门课程的教师必须具有极高的专业素养。与此同时，这门课程也是极具综合性的科目，它涉及了哲学、经济学、法学等多个领域的知识。因此，这就对该课程的老师提出了更高的要求，他们既要拥有更高的专业理论水平，也要拥有更全面的知识结构和更敏锐的观察力，以保证他们可以站在理论研究的最前沿并关注到社会实际情况，正确地为学生们分析并解答一些复杂的社会现象和难题，展现出自身的学术魅力，从而让学生们对这门课程产生更多的兴趣。

3. 教材体系转化为教学体系的能力有待提升

大学生思想政治教育课程教材体系向教学体系的转化需要教师具备能根据教材体系组织好授课语言、科学整合教材内容和合理重塑授课内容等能力。但现实中，部分大学生思想政治教育课程教师的这些能力却有待提高。具体表现在，首先，语言艺术有待提高。大学生思想政治教育课程教师要能将晦涩难懂且带有浓厚政治色彩的教材书面语言经过加工，使用通俗化、幽默诙谐的教学语言表达出来，从而让大学生更容易理解和接受，然而现实中部分此课程教师只是"照本宣科"，照读教材或PPT，这样不仅不利于大学生理解教材内容，也容易引发他们的抵触情绪，从而影响此课程的教学效果。其次，整合教材内容的能力有待提升。现实中，有部分教师分不清教材内容主次，在教学中"平均用力"，在有限的课时内为完成教学任务而采取单项式的教学模式和"满堂灌"的教学方法，忽视了大学生的接受能力和课堂效果，严重影响着教学实效性。最后，重塑教材内容的能力有待加强。高校思想政治课程的理论性、逻辑性较强，不容易引起大学生的学习兴趣并被其所理解，这就需要该课程教师将教材内容与现实生活相结合，把大学生在日常生活中能体验到、接触到的东西或疑难问题融入教学实践中，使大学生觉得教材上的高深理论离自己并不遥远，进而产生熟悉感和亲近感，这样更容易被大学生所接受，然而现实中，部分教师缺少这种能力，影响了此课程的教学效果。

（三）思想政治教育的学生能力不足

大学生思想政治教育的顺利开展并达到期望成效，需要多方协同发力，其中最重要的就是教育者和受教育者双方的共同配合，在双向互动中完成教学任务并实现教学目标。

1. 自主能动性差

随着我国高校改革力度的普遍提升，所有高校对思想政治教育水平的提高越发地重视起来，并且纷纷对思想政治教育课程进行课堂改革，改变传统的单向传输的授课方法，创新思想政治教育方式方法，突出学生的主体性地位，以提高大学生的思想道德素养。在进行课前预习的时候，一些学生对于教师的安排过于依赖，不能独立完成学习计划和学习目标的设定，没有将其自身的自主性发挥出来。在学习过程中，仍然有部分学生已经习惯了传统的思想政治教育方法，只喜欢被动接受教师的讲课内容，不愿意主动思考问题，对于新的教学方法没有给予积极的反馈，对教师所教授的内容也没有进行积极的思考，表现出思维惰性，更不愿意与教师展开积极的互动交流，还有一些学生对于教师所讲的思想品德要求，没有与自身进行对照和反思，没有及时调整自身的不足，完全处于被动消极的状态，而且欠缺思考怀疑的能力，不注重发挥自身的创造性。

2. 缺乏创造性

思想政治教育对象的创造性是其自主性的另一个表现，是学生在反映教师所传授的信息和自身思想品德状况的基础上创造出的新东西。对于新的教学方法和教学形式，学校和教师可以研究探索，学生也可以积极参与进来，充分发挥自觉能动性。在高校，教师扛起了研究新的教学方法的重担，学生并没有积极参与研究的意识，也未提出自己的意见和建议。在思想政治教育课堂上有部分学生在学习以及接受教师传递的信息的时候，采取消极的态度，没有与教师进行积极的互动。

3. 道德法律意识薄弱

互联网的开放性和共享性使信息的发布和获取变得十分容易，表现出"无屏障性"的特点，同时互联网信息平台给大学生提供了一个具有匿名功能的虚拟空间，大学生可以隐藏自己的真实名字，在平台中进行学习和信息的发布，但由于缺乏相关法律规范，大学生缺乏为自己的不当行为承担相应法律责任的意识，所以在微博、微信公众号等平台上发表自己的观点和意见时，大学生容易受到其他思想的影响，比如跟风地发布一些不实的消息等，大学生并未意识到这些行为会带来的严重后果。

4. 缺乏对思想政治科学理论的真实信仰

根据调查结果显示，大部分学生对大学生思想政治教育课持积极主动的态度，但由于我国高校的教育体制，以及国家选拔类考试大多倾向于应试教育，因而呈现出重智轻德的现象，学生所表现出来的对思想政治教育的学习态度，绝大多数是为了应付考试或修学分，并非发自内心地接受思想政治教育知识，也并非真正信仰马克思主义等思想政治相关科学理论。由于教学模式和教学方法单一枯燥，与实际联系不紧密，使学生对思想政治教育相关科学理论产生"不实用"的心理暗示，加之受家庭、社会环境的影响，大学生甚至会出现从事封建迷信活动的行为。

第二章　大学生思政课程实践教学模式

本章内容为大学生思政课程实践教学模式，主要从三方面进行了介绍，分别为大学生思政课堂实践教学、大学生思政课校园实践教学、大学生思政课社会实践教学。

第一节　大学生思想政治课堂实践教学

课堂实践教学是在课堂上创设一种情景或设计一个环节，让学生亲身参与实践的教学模式。这种实践教学模式能够将课堂上教师的理论讲授与学生的亲身实践紧密结合起来，当堂讲授、当堂练习，加深了学生对教师讲授内容的思考与认识。我国的思政课具有鲜明的理论性和政治性，而这样的特点往往会让课程讲授起来略显枯燥。而且对于广大"00后"的大学生来说，他们对过去几十年甚至上百年的历史事件比较陌生，而课堂实践教学模式则能有效降低思政课抽象与枯燥的程度。

课堂实践教学通常包括课堂辩论、焦点讨论、小组讨论、案例分析、影像展播、情景模拟等形式，这些课堂实践教学模式能够把相对抽象、枯燥的理论或历史久远的事实，通过课堂的某一个环节重新展现出来，也能让学生对思政课的相关知识有更为直观、具体的认识。同时，课堂实践教学这一模式能够有效激发学生课堂学习的主体性与自主性，培养学生的思辨能力。

一、思政课堂分享会

当前，我们身处互联网时代，其最为鲜明的特点就是人们获取信息日益便捷、多元，人们每天都可以接收到海量的信息，但是每一个人的关注点又不一样，这导致每个人接收的信息量虽然大，但接收的信息内容却各不相同。在思政课课堂上设置分享会这一课堂实践教学形式，就是要达到两方面的目的：一方面是让高校学生把自己在网络和生活中获取的海量信息，通过课堂这一平台进行交换，拓宽学生的视野，丰富学生的信息和知识；另一方面是使学生正确、有效地使用互联网，避免学生陷入影视、游戏中不能自拔，避免学生整日被海量的信息淹没却无所收获。

具体来说，思政课堂分享会就是思政课教师定期让学生把自己近期读过的书、看过的影视作品，或者是在朋友圈、微博、门户网站看到的对自己有所启发的文章，或者把自己亲身经历抑或其他对自己有启迪和教育意义的事情在课堂上与同学分享。通过分享会这一课堂实践教学形式，思政课教师能够快速了解自己所教的高校学生目前在关注什么，他们的兴趣点在哪里，教学时选取什么案例能够引起他们的兴趣，从而提高教学效果。与此同时，分享会这种课堂实践教学形式也有助于学生将自己碎片化的阅读加以整理，有助于培养学生思考的习惯，同时还能让学生做一个生活的有心人，善于发现、善于思考、敢讲真话，从而获得更多关于人性、道德、法律、国家、社会等方面的感悟和体会。

二、思政课堂影像展播

当代青年身处全媒体时代，每天都可以通过各种渠道和载体接收各种自己感兴趣的资讯。在众多媒介载体之中，比较受青年大学生喜欢的有抖音、火山小视频、哔哩哔哩、微信、微博等。这些媒介都有一个共同点，就是图文并茂，影像资料较多，极具视觉冲击力，能够吸引年轻人的眼球，激发年轻人的浏览兴趣，其内容也给年轻人留下了极为深刻的印象。时间久了，他们就形成了长期使用这些媒介的习惯，最终成为其忠实的使用者。在极具政治性和理论性的思政课堂上引入影像资料，能够有效避免单纯理论讲授给青年大学生带来的枯燥感，同时影像资料极富视觉冲击力，能够吸引青年大学生的眼球，让他们对思政课的内容产生了解和学习的欲望、兴趣，这无疑有助于青年大学生更好地学习思政课。

具体来说，影像展播就是思政课教师根据思政课程教学的需要，在思政课的教学过程中，有计划地播放一些弘扬社会正能量、体现中华民族抗争与探索历程、展现中国革命和建设过程中涌现出的优秀人物与事迹的影像资料，以期能够激发学生的爱国热情，培养学生的家国情怀和优良的道德品质，有效提升思政课的教学效果。影像展播是思政课课堂实践教学的一种形式，影像资料也只是一种载体和媒介，不能完全代替课堂教学。而且影像资料中纪录片比较多，一部纪录片的时间往往比较长，所以思政课堂上影像资料的播放时间也是要有严格限制的，不能一节课都用来播放影像资料，而应该在有所选择的基础上为学生播放优质资料。播放影像资料的目的是通过影像资料激发学生的学习兴趣，加深其对某个知识点的理解，同时通过观看后课堂提问的方式，引导学生思考并付诸行动。如果学生对课上播放的影像资料产生浓厚兴趣，教师可以提供影像资料的链接或资源，让学生在课下自行观看学习。

三、思政课堂辩论

（一）课堂辩论的含义

当代青年大学生热情奔放，喜欢通过与他人辩论来表达自我和证明自我，这无疑是思政课上开展课堂辩论的有利基础。辩论这一形式既符合当代青年大学生的特点，广受青年大学生的喜爱，又能够有效提升青年大学生的口头表达能力、随机应变能力和理性思辨能力，还能帮助学生不断扩展和深化自己所学的知识，一举多得，是一种非常好的课堂实践教学形式。与此同时，课堂辩论对于教师的要求也很高，一方面需要教师选取合适的辩题，即辩题既要能激发青年大学生的兴趣，又要有一定的难度和挑战性，需要学生搜集、查找大量的资料去佐证和支持自己的观点；另一方面，在辩论过程中也需要教师对辩论的方向和进程进行有效的引导，让辩论在一种和谐的氛围中有序进行。

具体来说，课堂辩论就是思政课教师结合教学内容在适当的时机选取适当的辩题，让青年大学生在课堂上发表自己的观点，并对不同观点进行辩驳，通过辩论这一活泼的课堂实践形式，让学生对某个问题有更为全面、深刻的认知。课堂辩论从表面上看只是课堂上几十分钟的双方辩论，实际上却是对学生多方面能力的综合考查。在准备辩论时，双方辩手要查找大量的资料，既要有佐证己方观点的资料，又要有辩驳对方观点的资料，同时还需要双方辩手内部合理分工、有效协作，发挥每个人的最大优势。在具体展开辩论时，双方辩手需要注意力高度集中，随机应变，恰当表达自己、辩驳对方，同时还要注重辩论的礼仪，做到有理有节。真理越辩越明，辩论这一思政课课堂实践教学形式有助于青年大学生在辩论当中不断重新认识和修正自己的价值理念，进一步明确自己的人生理想与信仰。

（二）课堂辩论的优势

课堂辩论由于在针对性、操作性、实效性方面具有独特的价值优势，被很多高校作为思政课实践教学的重要方式，并取得了良好效果。

（1）针对性强，即辩题设置能很好地体现教学内容和实现教育目的。

（2）操作性强，即辩论活动更容易组织和促进学生参与。

（3）实效性强，即辩论过程更能提高学生的各种能力和思想政治素质。

第二节　大学生思想政治校园实践教学

校园实践教学是课堂实践教学的延伸，是在课堂之外、校园之内开展的实践教学活动，旨在通过校园内丰富多彩的活动来加深学生对于人生、社会乃至世界的认识。这种实践教学模式比课堂实践教学模式有更大的自由度，同时也有助于丰富学生的校园文化生活。具体来看，校园实践教学模式主要包括校内调研、图书寻访、主题演讲、主题展示、微电影制作、文明评选、校园文化节等。

校园实践教学能够充分利用校园内部的各类资源，发挥校内资源的优势，例如校内图书馆、体育馆、学生活动中心、学生宿舍等场所设施，同时还可以充分利用校内丰富的师资力量、学生资源、科研成果等，这些丰富的校内资源可以让高等院校的大学生不断拓展自己的理论知识，深化对课堂所学知识的理解。校园实践教学模式可以说是一种连接学生课堂学习与自我实践的重要方式，能够有效提升思政课的教学效果。

高校校园一直以来都是思想政治理论教育的主阵地，也是当前我国意识形态传播的主阵地，其重要性不言而喻。思政课的校园实践教学就是以高校校园作为思政课实践教学的主要场域之一，以高校校园内的各类校园活动作为思政课校园实践教学的主要载体，通过丰富多彩、主题类型多样的校园活动培养高校青年学生的道德修养和综合能力，以提高高校青年学生未来适应社会、把握人生的能力。

一、微电影制作

思政课教师鼓励高校青年大学生综合利用当前微时代的多种媒介和软件，联系思政课所学的知识，以及当前高校校园或社会中经常出现的现象，结合自己对某些问题、现象、观点的看法，以个体或小组的方式演绎和拍摄相关视频内容，并对所拍摄的视频加以剪辑、整合，进而形成一个完整的视频资料。微电影制作是一种综合的实践教学形式，因为思政课有微电影制作这一实践教学要求，所以能够倒逼高校学生做一个校园生活的有心人，时刻留心、留意校园内外发生的种种事情或现象，并能够从思想政治教育的角度去看待和思考这一现象或问题。此外，微电影制作看似轻松，实则任务繁重、要求很高，既需要有较高的主旨、立意，又需要小组成员精诚合作，撰写脚本、布置场景、指导演员表演，还需要小组成员有较高的视频软件使用和制作水平。微电影制作除了对青年学生有较高的要求外，对于高校思政课教师的要求也很高，需要思政课教师在学生微电影制作的过程中全程参与指导，一则有效保证微电影的主旨鲜明正确，二则严把质量关，帮助学生提升微电影的制作水准。由此可见，微电影制作这一校园实践教学形式，能够有效调动教师和学生双方的热情，同时也能充分发挥和展现当代青年学生在思想觉悟与专业技术方面的能力和水准。

二、校内调研

一切从实际出发、实事求是是马克思主义的基本原则，也是思政课想要传递给学生的一种做人、做事的基本价值遵循。身处高等院校，青年学生接触最多的就是各种理论知识，而理论的生命力在于其源于实践而且能够指导实践。因此，理论联系实际、一切从实际出发、实事求是也是高等院校青年大学生未来成长、成才的基本前提。调查研究就是一种最为基本的接触生活、接触社会、接触实际的基本途径，它能够帮助高校青年大学生将自己在课堂上所学的理论知识与现实社会生活相结合，从而更为全面、立体地了解生活，了解社会，进而理解自己在课堂上所学的相关理论。

具体来说，校内调研就是思政课教师根据教学目标与学生培养目标，以大学校园为载体和平台，结合思政课的教学内容，号召和组织青年大学生在大学校园内开展各种贴合大学生实际的实地调查研究活动。当代青年学子极富个性而且有思想，但也有一部分青年大学生的思想有些偏激，并不符合社会实际，思政课教师想要帮助其改变和更新观念，单纯依靠课堂讲授或说教，很难达到说服此类学生，帮助其确立客观理性思想和观点的目的，而校内调研则能很好地达成这一目的。例如，有些学生认为当代青年大学生都是精致的利己主义者，缺乏爱国情怀，显然这一观点以偏概全，并不客观，尽管思政课教师在课堂上对此观点进行了澄清，但是对于改变持此类观点的学生的作用有限，唯一能够让这些学生心悦诚服的做法就是让他们自己在大学校园进行调查研究。校内调研可以使他们实地与同学进行零距离的接触、观察和访谈，真正了解周边青年大学生的所思、所想和所为。校内调研对于了解当前青年大学生的思想动态、行为习惯与价值观念效果明显，也有助于培养青年学生知行合一、实事求是的严谨作风。

三、主题演讲

当代青年学生普遍具有思想丰富、视野广阔、喜欢表达自我的特点，演讲无疑能够给他们提供一个表达自我、展现自我的平台，演讲这种形式一直以来也深受青年大学生的欢迎。其实，演讲不是空洞的说教，也不是社会现象的罗列，更不是人云亦云的老生常谈，而是要全面、彻底、充分地表达某一个观点，并且要让听者能够理解、明白你所表达的观点，所以演讲对演讲者的综合素养要求很高。它要求演讲者既要有清晰、敏捷的思路，伶俐的口齿，又要对讲述材料的本质内涵加以分析、概括、提炼、延伸，同时还要能够通过富有理性色彩的语言表达，引起听众的心理共鸣，将听者的思绪引向一个更为崇高的境界，使演讲的主题得以升华。在青春激昂的高校校园内，主题演讲无疑是一个能够有效激发学生参与热情的实践环节。

主题演讲是思政课教学在高校校园内的一种拓展和延伸，它不但有效拓展了思政课的教学领域，而且锻炼了学生表达自我、展现自我的能力，丰富了青年大学生的校园生活，真正将青年大学生的课堂学习与校园生活有效地结合起来，是一种生动的校内实践教学形式。

第三节 大学生思想政治社会实践教学

社会实践教学不同于学生在课堂实践环节中的自主参与，也不同于学生在校园内部各类实践活动的参与，它是依据课程的教学任务和教学要求，在教师的指导下，有计划、有步骤地参与校园外的各类社会实践活动的形式。

社会实践教学的形式一般包括校外参观、公益活动、社会（家庭）调查、勤工助学、志愿服务等。多种形式的社会实践活动可以为大学生提供多种了解历史、现实和生活的渠道。例如，校外参观，特别是展现革命和建设历史的纪念馆参观，可以让当代大学生更直接地感知某一历史事件的发生背景和发展过程；参与公益活动和志愿服务，可以让大学生通过接触社会、参与社会生活，改变原有的对社会的偏激看法和认知；大学生勤工助学，可以让大学生通过具体实践感受生活的不易，理解父母的艰辛，进而树立正确的人生观和价值观；大学生参与社会调查或家庭走访调查，可以让学生对某一社会现实有更为全面的认识，培养正确看待问题的习惯，能够以积极、正向的视角看问题。

社会实践教学的重要性不言而喻，社会实践教学的效果也是其他方式难以匹敌的，但是社会实践教学也有其特殊的要求。首先，社会实践教学需要教育行政部门或高等院校对于这一实践教学形式给予时间安排上的支持与协助；其次，需要有效整合各类资源，共同为思政课的社会实践教学提供多方面的便利和支持；最后，需要高等院校对思政课社会实践教学给予经费和组织管理方面的支持，离开实践经费的投入，社会实践活动寸步难行，离开学校各部门的有效协调与组织，社会实践教学很难稳定、长期地开展下去。

要想让当代的青年大学生学有所获、学有所成，仅仅依靠课堂讲授显然不够，更需要学生在课堂之外、校园之外的家庭、社会生活中去体会和感悟，才能真正领悟学习、生活的真谛。思政课校外实践教学就是充分利用大学校园之外的广阔空间，来影响、锻炼和提升当代青年大学生的思想道德修养和社会责任感，将青年大学生的个人实践与广阔、生动的社会活动空间联系起来，真正教会青年大学生如何做人、做事。

一、基地实践

理论讲授与实践锻炼相结合是学生理解和掌握知识的最佳方式，高等院校历来非常重视实践教学基地的建设，力图将学生的校内学习与校外实践有机结合起来，真正达到学以致用的目的。但是就目前的状况来看，高等院校的实践教学基地更多的是倾向于学生专业技能的实践，如司法类专业的实践教学基地多为各级基层法院、检察院；而文秘类专业的实践教学基地多为各类企业或专为企业提供文秘类职员的公司或人力资源公司；社会工作专业的实践教学基地多为街道办事处、社区居委会或各个社会工作专业机构。这些实践教育基地都是与学生的专业技能实习直接对接的，而专门的思政课实践教学基地则比较少。然而在当前社会思想、价值、生活方式日益多元的背景之下，要想引导青年大学生树立正确、科学的价值观，培养符合社会规范的行为方式，思政课教学就需要有一套行之有效的理论与实践相结合的教学方式。

具体来看，基地实践就是思政课教师带领高校学生走出校园，到学校定点的校外实践基地进行实地生产、制作或服务，真正以一名劳动者或服务者的身份去接触社会、感知社会、了解社会，进而服务社会。在此过程中，教师要根据教学需要和教学目标引导学生有所思考和感悟，对人生、生活、工作、社会等形成更为理性的认识，进而树立科学的世界观、人生观、价值观。一般来说，每一所高校所在的城市或地区都有一定数量的历史文化古迹和红色革命遗址或博物馆，这些地方都蕴藏着丰富的教学资源，如果作为高校校外实践教学基地，可以让学生在思政课堂上学习知识的同时，深入到这些基地进行实践。例如，培养高校学生成为红色教育基地的实习讲解员、引导员等。让学生作为一名讲解员为参观学习的学员进行相关史料的讲解，是一个非常好的历练机会，同时也有助于学生对于自己在课堂上所学的知识有一个主动深化理解的过程。因为能够完整、清晰地把某一个史料或知识点讲述给听众，讲述者本人一定是学懂了、学会了。由此可见，基地实践是一种真正有利于学生将课堂所学内容转化为自身实际行为的不可或缺的实践教学形式。

二、校外参观

校外参观就是思政课教师结合具体教学内容的进度和安排，组织青年大学生走出大学校园，进入具有学习和考察价值的场所，让学生在真实的场景中倾听、观察和了解某一个具体的历史时期，不同人物的所思、所想和所为，进而受到启发、感染，有所收获的一种校外实践方式。校外参观看似简单，实则需要思政课教师的大量付出。教师不但需要结合教学内容，以及教学所要达到的目的去选择参观的地点，而且还需要准确把握每一次外出参观在青年大学生的思想和行为上会产生怎样的影响和效果。要想让青年大学生深刻理解和领会思政课程的内容，仅仅依靠教材上有限的内容讲解显然是不够的，而校外参观则能很好地弥补这一不足。

三、社会调查

没有调查就没有发言权，进行深入全面的调查研究是我们获得丰富、翔实数据资料的基础，也是我们透过事物的表象认识事物的本质、揭示社会发展规律的重要途径。当今社会瞬息万变，资讯异常发达，对于广大青年大学生来说，学校课堂固然是获取知识信息的途径，但是在课堂之外，广阔的社会环境也是青年大学生获取知识信息的重要途径。当今社会信息瞬息万变，加之青年学生对于新事物、新理论又充满了渴求，因此，高校课堂上教师教授给学生更多的是一种高效学习的方法——而非有限的知识内容。因为掌握了学习的方法，就如同掌握了点石成金的指头，在未来的学习、生活中可以凭借此学习方法持续地获得知识，持续地让自己得到成长和发展。社会调查就是一种非常理想的让学生持续发展和提升自己的方式。具体来说，社会调查就是思政课教师根据教学内容和教学目的的相关要求，设计相应的调查课题，让学生深入社会的各个领域、各个角落去了解、搜集和掌握相关的数据、资料，对搜集的资料进行统计、分析，并最终形成相应的结论。这个搜集资料的过程本身就是对青年大学生能力的锻炼过程，因为要想搜集资料，就必须通过设计问卷这一途径，而设计问卷本身就是对学生问卷设计能力的考查和锻炼，涉及问卷如何发放、如何回收，回收之后如何进行统计分析，统计分析数据时使用哪种统计分析软件。数据分析的过程本身也是一个去粗取精、去伪存真的过程，最终调查结论的得出也是对青年大学生分析、判断能力的考验和锻炼。除了从技术的角度看待社会调查对青年大学生能力的锻炼之外，还可以从扩展学生视野，培养学生家国情怀、社会责任感等各个角度来看待社会调查。当代青年大学生的社会调查的方向、主题非常广泛，既可以是涉及国家、民族的问题，也可以是涉及家庭、家族的问题，还可以是关于青年大学生自身的心理、生活、认知等方面的问题。社会调查选题的广泛不但能够拓展青年大学生的视野，而且能够激励学生去发现、分析社会生活中的各种现象，进而分析现象背后的原因，揭示其背后蕴含的基本规律，真正提升青年大学生理论联系实际的能力。

校外实践教学中的社会调查与校园实践教学中的校内调研，在主体上是基本一致的，例如它们都遵循一样的调查程序和调查步骤，这是调查的主体。校内调研和社会调查的不同之处有二：一是调查进行的地点发生了变化，一个在校园内，一个在校园外；二是调查的对象发生了变化，校内调研主要的调查对象是本校的学生，他们往往比较配合调查，而发生在校外的社会调查则不同，被调查对象的配合程度可能比不上高校内部，这就要求青年大学生在进行校外的社会调查之前，认真学习一下如何与不同类型的人群进行沟通。其他方面，如问卷如何发放、回收、统计等与校内调研基本一致。

四、发现生活

生活中，不是缺少美，而是缺少发现美的眼睛。确实，现实生活中有很多美好的东西值得我们发现、聆听、欣赏和学习，只是现代社会人们都习惯快节奏的生活，工具理性至上，人们太过关注某样东西的实用性及其对人类的价值，无心去慢慢欣赏和品味生活本身，无法发现生活带给我们的除实用、功利之外的另外一面。社会发展日新月异，创新无疑是社会发展的动力和源泉，而创新首先源自对于生活的仔细观察和发现，没有一双善于发现生活之美的眼睛，就无法挖掘自身创新的潜力。当代青年大学生内心始终要保留一份求真、务实、探索的精神，唯有如此，才能在极速飞奔的时代漩涡中不至于迷失自我。

具体来说，发现生活就是思政课教师要引导学生在课堂之外，在自己的校外生活和工作中培养敏锐的洞察力，善于观察和发现生活中的真、善、美，善于发现自己、他人、社会还存在哪些不足和问题，积极思考、分析如何去解决问题，让我们的生活更和谐、美好。在发现生活这一校外实践教学环节中，思政课教师起着非常重要的作用，他们承担着引导学生向哪个方向发现和寻找，到底要发现和寻找什么的重任。例如，在思政课讲授社会主义核心价值观这一章内容的时候，思政课教师普遍面临的问题是，相关内容理论性较强，学生觉得内容比较空泛。在讲到这部分时，思政课教师很可能会列出很多的案例、人物事迹等，来让学生理解何谓社会主义核心价值观，但从学生的角度来看，那些案例大多都不是发生在自己身边的事情，感受并不是很深刻。而在校外实践发现生活这一环节中，思政课教师鼓励学生从自己的生活中、家庭中甚至实习的工作单位中，发现那些真正在努力践行社会主义核心价值观的人或事，并将这些发生在自己身边的真实的典范、事迹讲述给老师、同学。学生在校外实践中的发现本身需要一种热情和敏锐性，而在讲述或书写这些事迹、典范的同时，又是对社会主义核心价值观的一种重新思考、组织和梳理，使学生对于社会主义核心价值观又有了新的更高一层的认识。因此，校外实践中发现生活之价值，其重要性不言而喻。

第三章　不同背景下的思想政治研究

随着社会的发展和科技的进步，各种各样方便人们交流的资源不断涌现，影响着我国思想政治教育。本章具体阐述在新媒体背景下的思想政治教育、"互联网+"背景下的思想政治教育以及社交媒体对思想政治教育的影响。

第一节　新媒体背景下的思想政治教育

一、新媒体的概述

（一）新媒体的含义

"新媒体"是对媒体发展的一次创新和改革，其范围广、内容全、内涵丰富，是媒体发展与网络技术相结合的产物，实现了人人参与到媒体中来的质的飞跃。中国传媒大学新闻学教授宫承波认为所谓的新媒体，就是借助全新的互联网信息技术手段，给用户带来多样化的信息数据资源。数字创意领域专家熊澄宇教授则认为新媒体是相比较而产生的，现在的新媒体日后也可能演变成传统的媒体，现在的这些传统媒体之前也被人们称为新媒体，他认为新媒体就是指新兴的网络平台。通过研究可以发现，我国对新媒体相关概念的阐述多为宏观，如今，新媒体已经成为我们生活当中的一部分，人们普遍认同新媒体是一种全新的传播媒介，它借助信息、网络和数字技术，依靠移动和网络设备，向受众传递信息，提供各式各样的生活需求及服务。

（二）新媒体的特点

新媒体研究和数学专家匡文波教授介绍了很多新媒体所具备的特性，包括互动性、开放性、分众性、及时性和数字化。武汉交通职业学院辅导员闻敏玲则认为新媒体具有开放性和隐匿性，人人都可以参与到新媒体中来，人人都可以通过屏幕发表想法。学者牟婉璐认为新媒体应该具有去中心、草根、即时的特点。由此可以得出，从新媒体的含义、种类及特点中，我们可以对新媒体进行全面的了解，为思想政治课教学中新媒体的运用作良好的铺垫。

随着网络的发展及只能手机的普及，新媒体深入我们的生活，相对于其他媒体，作者认为新媒体以其互动性、开放性、即时性的特点在众多媒体中后起，并越来越深入到我们的生活和学习中来。

1. 互动性

新媒体是众多媒体的融合，便于阅读与互动，信息交流不再只是单纯的文字和图片，还包括音频、视频等；信息交流不再是"留言等回复"，各方参与其中表达对某一些信息的看法，既有官方答复，又有普通受众参与，提高了交流的互动性。以微信为例，其最大的功能便是即时沟通，不仅可以使用文字沟通，还增加了视频、语音，受众可以通过微信"面对面"地进行互动；同时，微信还可以发送表情包，用幽默的方式进行交流；微信公众号的推广，可以将自己或官方的信息、观点等以链接的形式进行传播，方便人们随时随地进行查阅，拓宽了互动的渠道；微信近些年推出的小程序功能，简化了众多程序并存的局面，方便了受众一键查询，以国务院小程序为例，受众不再需要各方寻找渠道，通过小程序中的相关功能即可表达己意，增强了互动的便利性。综上，以微信为代表的新媒体，方便了受众可以随时随地随心进行线上互动，满足了人们对于媒体的基本功能需求。

2. 开放性

与传统媒体相比，新媒体不再受官方和其他媒体的影响，人人都可以是信息传播的对象和主体，人人都可以成为媒体传播的中心，成为信息的主角，更可以自主进行信息选择和信息判断。以微博为例，各大官方媒体入驻微博，受众不再一味地被动接受信息，官方不再苦于收集信息的方式，利用手机进行文字编辑，点击一键发送，自己的想法便可以表达出来，点赞及回复功能让有相似看法的人聚集在一起，开放式的信息表达增强了信息的传播，普通群众也可以通过微博分享自己的身边事，尤其是可以通过某个热点话题的参与，与素未谋面的网友交换观点。开放式的网络环境和自由的分享方式，让信息真正可以从受众中来，让普通受众增强网络的参与感，从而更愿意参与到网络生活中来。简而言之，以微博为代表的新媒体具有广泛的开放性，让受众真正地在开放的网络环境中各抒己见，体现了网络信息时代新媒体发挥的作用。

3. 即时性

新媒体与传统媒体不同，不再是今日新闻明日才能见诸报端，它突破了时空的界限，通过网络，借助移动电子设备，便可即时向受众传递信息。受众不再需要利用整段时间进行信息阅读，而是可以有效地利用碎片化时间进行阅读和学习，提高了信息的时效性。以微博为例，受众只需要安装微博一个软件，无须关注任何账号，时事新闻便以"热搜榜"或"要闻榜"的形式传递给受众，既有受众喜闻乐见的娱乐新闻，也有关注社会民生的政事，榜单实时更新，使更多新闻可以在短时间内传递给普通受众，并通过转发和分享的方式传播给亲朋好友，大大提高了消息传播的时效性，使普通受众参与到新闻的传递和传播中来。由此可见，以微博为代表的新媒体，借助电子设备，利用普通受众的碎片化的阅读时间，将新闻信息更加有效地传播出去，体现了新媒体的即时性特点。

（三）新媒体的分类

新媒体的种类十分广泛，从不同角度可以对新媒体进行不同的分类，中国人民大学匡文波教授就从不同角度对新媒体进行分类，从客户端方面界定可将新媒体分为手机、网络和数字电视新媒体；从外延上又可以分为网络、数字和移动类等；MBA百科则以媒介属性将新媒体分为社交媒体、云媒体和视频媒体等类型，作者以此为标准对新媒体进行分类。

1. 社交媒体

社交媒体主要是以微信、微博为代表的社交软件。在当今快节奏的生活中，社交媒体借助移动设备和网络，用最短的时间，将众多的信息传达给受众，具有强大的传播力。社交媒体以微、短著称，同时方法多样，选择丰富，准入门槛低，是新媒体最典型的代表。

微信融合文字、语音、视频等基础社交方式，最大限度地满足了受众的社交需要。微信以人际的社会圈式传播为基础，依靠移动终端，进行信息的沟通和交流，具有便捷的属性，值得一提的是，随着微信功能的不断完善，如今的微信拓展了实用领域，使之集查找、搜索等众多生活模式于一体。

微博是新媒体发展到巅峰的重要代表，信息交流互动不再受朋友圈的局限，实时更新的微博热搜榜更是将新媒体的即时性体现得淋漓尽致。微博信息的浏览、众多受众的参与，使微博成为双向传播的典型代表，用户对信息运用的最大化和传播的流动化，冲击着传统媒体的传播方式。

在思想政治教育教学中，以微信、微博为代表的社交新媒体被广泛运用，其快速、便捷的方式，多样、多类的内容拓宽了思想政治教育的时空界限，丰富了内容的选择。

2. 云媒体

云媒体是云计算的引申，是指运用云计算，以互联网为基础的一种新媒体，是当今信息和数字社会发展的集大成者，它运用比喻的方式，将网络信息内容多样化、互动化，使之选择便捷，更符合个人特点。云技术在思想政治教育上的运用有"云课堂""雨课堂"和"云书籍"等。

一是云课堂、雨课堂，云课堂通过购买服务，将课程资源化，让受众尤其是学生可以享受到高品质的学习内容，它突破了时间和空间的限制，将互动学习变为可能；雨课堂由清华大学提出，通过共同在线学习，让学生可以与更多的课堂进行沟通，学习时间更灵活，更易进行自主学习；同时在课前预习、课堂教学中提供技术支持，丰富的课堂形式使学习在互动的氛围中进行。

二是云书籍的网络化发展。它突破了纸质发行的界限，可通过客户端订阅、下载、阅读，发行方便，发行量由受众自行选择，将阅读与传播相结合，同时可以通过网络随时阅读分享，增强了知识的积累和深度交流，成为沟通的新方式。普通学生通过网络便可以搜索到阅读书目，不必再耗费时间去查阅，满足了学生对知识的碎片化需求，接受度更高。

云媒体是聚集、共享的网络模式，本地进行简单操作和选择，云媒体便可以运用云技术向用户提供以用户为中心和主导的信息。在思想政治教育中，教师根据学生的实际状况进行云课程的选择，云技术在进行分析后，推送的课程更符合学生的实际状况，同时云媒体根据学生日常对云书籍的阅读进行跟踪反馈，思想政治课教师便可以根据实际情况，了解大学生的知识需求。云媒体运用云技术，帮助思想政治课进行个性化选择和筛选，是当今思想政治课教师可以广泛运用的新媒体。

3. 视频媒体

随着网络的不断普及，近些年来，官方媒体不断进驻短视频平台，一改传统严肃的形象，可以更好地进行宣传，思想政治课教学中的视频内容很多便是来自抖音短视频，学生乐于接受的视频内容增加了思想政治课的欢迎度；同时，钉钉直播的运用，使停课不停学成为可能。

除了社交媒体、云媒体和视频媒体之外，MBA百科中新媒体的分类还包括娱乐媒体、电视数字媒体和户外媒体等思想政治课教育较少涉及的新媒体。从新媒体的分类可以看出，新媒体交互性强，个性化的媒体功能突出，信息依靠新媒体这一极具特色的介质进行传播，增强了新媒体受众的选择性，吸引了越来越多的人参与到新媒体的传播中来。从新媒体的含义、特点和分类中，可以清晰地看到新媒体的优势，思想政治课可以运用新媒体的这些优势丰富教学内容，拓宽教学渠道，营造更富有亲和力的思想政治课氛围。

二、新媒体对思想政治教育的影响

（一）教师对新媒体的话语掌握能力不足

思想政治课教师在运用新媒体教学时，在网络环境中一直没有形成强大的媒体场域和话语权，导致思想政治课教学效果不甚理想，究其原因有以下几个方面。

1. 话语权威遭到质疑

在传统媒体时代，教育者占据主导地位，依靠国家和党媒可以拥有丰富的信息来源，而新媒体时代，新媒体改变了传统大众传播的方式和环境，改变了思想政治教育大环境下的话语权。新媒体的传播方式使得学生接受的信息和内容具有大众性和即时性等特点，这些内容在一定程度上尚未接受道德和价值的判断和选择，容易受兴趣和情绪甚至是谣言的影响，使得许多大学生盲目接受错误的思想内容，导致思想政治教育者在教学时无法进行正确的引导，乃至在对其内容进行纠正和引导时，权威解释遭到质疑。

2. 话语效果降低

现如今，互联网和新媒体的大环境正在滋扰着大学生的价值观选择。在新媒体时代，信息瞬息万变，学生对未知的向往远超思想政治课教学带来的内容。当今的大学生思想政治课教学无法完全应对新媒体带来的挑战，没有能力对文化的大众化和传媒的信息化作出及时反应。网络迅速发展，信息的选择性增多，学生可以根据自身兴趣进行自由选择，功利主义等思想对学生产生了较大的影响。

3. 话语主体引导尚不到位

在实际教学中，思想政治课教师与学生掌握的新媒体信息还存在着一定的差距，学生成为获取信息的主体，而教师则处于较为被动的地位。在新媒体中，一些娱乐、休闲、日常生活等内容占据了学生的大量时间，热播的影视剧成为学生津津乐道的话题。

（二）大学生主流意识形态的认同危机

其一，一些大学生不相信官方言论和声音，轻信网络谣言。在各类新媒体中切换自由的大学生，不可避免地会接触到各类网络谣言。大量网络谣言在融媒体环境中扩散，必然挤占主流意识形态的传播空间。

其二，一些大学生不崇尚中华民族传统美德和奋斗精神，却被拜金主义、享乐主义等消极观念所左右。新媒体中到处充斥着"金钱至上"及追求感官快乐的内容，这些内容使年轻人渴望过上"有钱""享乐"的生活，不利于优秀传统美德的培养。

第二节　"互联网+"背景下的思想政治教育

一、"互联网+"概述

（一）"互联网+"的特征

"互联网+"与互联网自身概念的本质相似，两者都具有不受时间、空间限制和多资源整合等传统特点，但"互联网+"与互联网相比，还具有以下特殊之处。

1. 跨界融合

"互联网+"是一种全新的互动和连接方式，它将不同行业的人、事、物进行有机融合和紧密联系，实现协同发展。"互联网+"具有巨大的推动作用，可以促进多个部门、行业的融合，为我们开辟崭新的发展途径。通过将"互联网+"的万物互联的特性与其他学科融合发展，从而达到发挥合力、同向而行的效果。

2. 共通共享

"互联网+"是一种连接人与人之间的纽带。当今社会，互联网已经成为我们生活中不可或缺的一部分。现如今，共享经济已经渗透到了出行、用餐、购物等方方面面。因此，在大学生思想政治教育中，也需要一个共通共享的理念来促进交流，这不仅可以丰富思想政治教育的方式和形式，也能够提高大学生对使用互联网式的教育方式的接受度。

3. 创新驱动

之所以将当前的新时代称为"互联网+"时代，是因为在各个关键的发展阶段都可以看到全面创新的因素。互联网不再是仅限于聊天、搜索、购物等简单操作的工具，受创新驱动力的影响，它已经成为改变人们生产生活方式的重要因素。从要素层面讲，"互联网+"创造出了新的认知、新的需求。

（二）"互联网+"的教学方式

1. 资源整合

用于思想政治教育的相关资源在互联网上比比皆是。大学生思想政治教育在网络思维的冲击下，必须向多元化方向发展，因此挖掘优质的资源、方法势在必行。首先，要竭尽全力，挖掘一切可以挖掘的教育资源，丰富思想政治教育内容；其次，要正确整合、分析、处理这些资源。比如在课堂教学时，仅仅依靠单纯的教学课程知识讲授与教学课本知识的灌输，难以达到良好的教书育人的效果，而通过网络搜索，挖掘与课程内容相关的各种教育资源、信息资料，经过加工整理后，在课堂上积极进行综合性教学，不但可以丰富学生思想政治素质教育的内容，还可以提高广大学生自主学习的参与度，激发广大学生的学习积极性。

"互联网+"时代的到来，有利于充分发挥在线开展思想政治宣传活动，提高思想政治理论教育的宣传效果。如设置本校专门的教育微博、微信公众号等，打造优质的教育网络平台，提升学生思想政治理论在线教育教学实效性。此外，在各类智能终端应用程序不断出现的背景下，大学生思想政治教育也可以针对应用程序进行专门设计开发，并将一些学生的网络实践与应用程序相关联，这样就可以将创新实践教育渗透到思想政治教育中，最大限度地发挥思想政治教育的实效性。

2. 沉浸式体验

虚拟现实技术（VR）、增强现实技术（AR）等虚拟智能提供了沉浸式体验，通过营造氛围让参与者享受某种状态，使用户有一种身临其境的感觉。网络思想政治教育既是教学形式又是教育内容，既是教育手段又是教育目的。要想实现内容与形式的统一、手段与目的的统一，就要运用"互联网＋"的学习优势、教育特征，坚持以习近平新时代中国特色社会主义思想为核心内容，加强教育选题设置和教育内容的资源提供，建设思想政治教育虚拟仿真实践平台，加强网络思想教育过程的资源整合利用、技术支持和协作创新，加强虚拟网络仿真教育，重视思想政治教育的沉浸式体验教学。

"互联网＋"条件下大学生思想政治教育的沉浸式体验学习还可以结合模范事迹和英雄精神开展。以模范人物、英雄事迹为依托，建设相应的虚拟仿真实验课程讲述典型人物事迹，沉浸式体验故事情境，通过模范示范法来达到思想政治教育的目的。

3. 注重线上和线下的配合

只有将线上和线下思想政治教育充分结合，才能发挥思想政治教育的最大作用，实现线上线下互通，让学生充分受益于全过程、全方位的育人教育，这样才能真正实现思想政治教育的升级和全面提升。一方面，学校应该在顶层设计上考虑线上和线下活动之间的互补关系。例如，举办招募活动时可以选择线上方式，同样地，评选活动也可以通过在线投票来进行。另一方面，线上和线下在时间上进行配合。高校可以开展一系列活动，如"党建思想政治进宿舍"、大学生"三走"活动、"艺术党建进社区"等，这些活动不仅是传统思想政治教育的重要拓展，还可以缓解"微思想政治"的压力，为实现全方位育人理念提供具体可行之路。传统的思想政治教育和"微思想政治"教育都十分重要，需要两者相辅相成、共同努力才能做好思想政治教育工作。

二、"互联网+"对思想政治教育的影响

（一）"互联网+"对思想政治教育的积极影响

1. 教育理念的开放性

任何教育理念都不是凭空产生的，都有一定的现实基础。互联网的发展使大学生学生获取信息的渠道拓宽了，速度提升了，诸多信息摆脱了传统信息传播阶段的垄断现象，高校学生能够自主选择信息和知识，而不是被动接受。传统的教学时空限制与校际隔阂被彻底打破，高校间的"围墙"正在逐渐消失。教育过程既要有启动环节也要有跟踪反馈，既要有效果自评也要有效果他评，不能让教育者一个人"自弹自唱"。

2. 教育主客体的平等性

在传统思想政治教育课堂中，思想政治课教师以单向思维模式掌控着整个教育过程，按照其既定的教育方式和教育内容，对高校学生进行信息传递和价值灌输。这种一元教育格局在信息闭塞、教育资料单一的时期收到了较好的效果。"互联网+"时代，信息的生产、传播、获取方式跟之前已经大不相同，迅猛的科学技术和多样的学习媒介使得高校学生突破时间和空间的限制，实现自主学习。当下，思想政治教育者面对的高校学生是"00后"，他们学习能力强，善于在网上展示观点、交流思想、表达诉求。

面对互联网上即时生产的层出不穷的信息，高校学生和教育者都是平等的接收者，甚至部分具有超前学习意识的学生，其通过互联网所得到的知识储备比教育者还要多。互联网打破了教育者在资源方面的权威性和地位的中心性，缩小了教育者和受教育者的知识水平差距，为二者平等交流提供了可能。地位的平等让教育者获得更多的尊重，也让受教育者可以更好地吐露心声，使其内心的诉求及时得到关切和回应。

互联网的发展使学生可以和教师进行线上沟通交流，创造了一个师生平等的空间，学生获得了充分的话语权，同时也促进了师生教育观念的双向互动交流，可随时随地进行信息共享和情感宣泄。

3. 教育内容的多元性

当今时代，互联网当之无愧地成为全世界信息传播量最大、速度最快的平台，网络信息资源多元多变、形式多样、快速无界，使思想政治教育的内容逐渐从封闭走向开放。但是随着信息数量的剧增，流速的加快，不可避免地出现了信息泛滥、内容良莠不齐的现象，对大学生思想政治教育提出了更大的挑战。

"互联网+"不再囿于固化的课本知识，它突破了传统教学内容的有限性和被动性，高校学生可以在获取最新的信息资源后，对突发热点新闻事件等进行实时的讨论，不再受到课堂固定设置的内容的局限，这极大提高了高校学生的学习热情和主动性。

学校使用大数据云技术平台，将纷繁复杂的教学资源、教学教务、教研课改、校园安全等校内日常应用转变为智能化、个性化、多终端兼容性应用，能够使用户获得更好的体验，云平台给广大学子提供了一个包容性的学习平台。数字化的线上学习平台、微课等网络课程阵地，使教学延伸至课堂之外，实现师生线上线下随时互动，使思想政治教育课堂活跃起来。

开放的教育资源也对思想政治教育提出了更大挑战，因其打破了原有的知识垄断格局，导致传统思想政治教育的可控性降低，教育资源使大学生思想政治教育得以充分延展的同时，也打破了固有的文化欣赏习惯，在这种复杂的文化碰撞中，教育者需要坚持灌输原则，牢牢掌握意识形态在网络空间的主导权和话语权。

4. 教育方式的丰富性

传统思想政治课教学围绕课堂展开，虽然传统课堂具备了成熟的教育理论和教育方法，但是其传播渠道单一、传播范围极其有限、学生学习兴趣不高等弊端也逐渐显现。

"互联网+"教育的崛起改变了这种机械式的灌输方式。教师可以通过慕课、微课、云课堂教学等多样化的方式，深度整合教育资源。而网络中的教学数据可以帮助思想政治课教师更好地了解高校学生的学习态度、学习情况，从而因材施教。

5. 教育反馈的及时性

四通八达的网络在教育者和高校学生之间架起了互动的"桥梁"，教育者利用大数据、云计算、人工智能等技术手段，通过网上数据分析，可以快捷准确地把握学生的最新思想动态、心理困惑和行为特点，从而及时与学生交流信息，沟通思想，解答心理困惑，建立和谐亲密的师生关系。此外，微博、微信、QQ等软件为加强师生的了解提供了媒介，拉近了师生之间的距离，有助于教育者实时跟踪学生的思想变化、情感痛点、行为表现，有助于快速、全面地跟踪观察，前瞻性地做好思想政治教育工作。

（二）"互联网+"对大学生思想政治教育的负面影响

1. 由海量化信息所产生的负作用

海量化信息具备自身特殊性，受众在面对时易感到迷茫，难以辨别信息的真伪。而高校学生在面对这些海量信息时，缺乏主动思索且易遭受诱惑，从而对高校学生正确价值观念与品质理念的树立有着直接影响，这无疑背离了大学生思想政治教育的价值观，影响了教学成效，弱化了思想政治教育能力。

2. 难以快速适应的教育模式

以灌输为主的传统教育模式依旧是当前教育的主流，教师讲授、学生接受的学习方式使得学生的主体性被限制，学生的自主学习能力逐渐丧失。随着互联网的发展，学生有了更多的选择权，学生的主体性、自主性被更好地凸显出来，学生作为思想政治理论课教育主体，以自我引导、自我总结、自我安排的新模式，完成自身思想的提升、内容的完善与接受。

思想政治课教师的角色得以转变，根据学生的需求科学分配教学任务，循序渐进地引导学生开展学习。这种由"授"到"学"的主体权利关系的转变，以及教育观念和教育方式的差异，大大冲击了传统高校以教为主的教育观念，也增大了学生的学习压力，因此绝大部分高校师生在短时间内难以适应。

3. 教育的思想性受到一定损害

教师是大学生思想政治教育的主导，教育的思想性受到损害也是"互联网+"所带来的负面影响，在教学中主要表现在：一方面，部分高校的思想政治教师仍坚持传统的教学理念而不接受新媒体，导致他们的思想政治教育的内容和方式难以被高校学生所接受；另一方面，部分高校的思想政治教师尽管对新媒体的运用仍不适应，但其在教学中却为了迎合学生的需求动摇了自身的信念。这两类教学方式在很大程度上阻碍了新媒体在思想政治教育中的应用，也使得政治思想教师自身忽视了教育中思想引导的重要作用。

第三节　社交媒体对思想政治教育的影响

一、微博与高校大学生思想政治教育

（一）微博概述

微博以其自身的特性、强大的用户规模和飞速扩张的影响力日益成为重要的社交媒体。随着高校大学生微博用户的增多，微博的正、负两面性的影响也日益凸显。应用微博进行大学生思想政治教育必须充分发挥微博在信息方面的优势，克服其消极作用。应当从提升高校大学生的"网络素养"、弘扬"主旋律"教育，加强教育者的微博教育思维，增强教育者与学生的沟通交流意识，加强微博意见领袖的作用和加强微博法治建设等多方面，探索出应用微博开展思想政治教育的对策。

微博，微型博客的简称，是一个基于数字通信技术和用户关系构建的信息分享、传播和获取的广播式社交网络平台。微博作为一种新兴的、为年轻人广为接受的网络科技社交工具，具有平台多元化、内容碎片化、注重个体性、多媒体性、交往对象互动重叠性、与其他网络工具对接性等特点。

（二）利用微博开展思想政治教育应坚持的原则

1. 坚持微博思想政治教育正确的政治方向

思想政治教育工作者在使用微博时，往往要突出自身"教育者"的微博人格，弱化自己"普通微博用户"的微博人格，保证其微博的政治方向绝对正确。思想政治教育工作者要具有对微博言论和微博舆情的基本判断能力，切忌在微博上意气用事、人云亦云，切忌传播可能是谣言的言论，切忌言论过激，保证学生看到的思想政治教育者的微博内容都是政治方向正确的、客观的、积极的、经得起推敲的言论。

2. 坚持微博思想政治教育与传统思想政治教育相结合的原则

为了提高学生的思想政治水平，传统的思想政治教育主要采用两种方式：在课堂上进行授课和由辅导员进行全程思想政治辅导。在进行大学生思想政治教育时，微博思想政治教育与传统课堂思想政治教育都是必要的，二者相互支持、相辅相成。需要注意的是，在运用微博进行思想政治教育的过程中，不能忽视对课堂思想政治教育的教学改革，不能厚此薄彼，思想政治教育工作者有义务探寻两种教育渠道的结合点，做到两者相得益彰，齐头并进。同时，要将微博思想政治教育与辅导员工作紧密结合起来，利用微博增加辅导员的亲和力，随时随地关注学生的思想动态，与学生沟通交流。

3. 坚持微博思想政治教育以人为本的原则

科学发展观的核心是以人为本。同样，在大学生思想政治教育中也应该坚持以人为本，即坚持以学生为本。马克思主义哲学认为，矛盾的普遍性寓于特殊性之中。作为教育客体的高校大学生有其"00后"青年一代的共性，也有其每个人特有的个性特征。因此，在运用微博进行思想政治教育时，思想政治教育者除了要有面向所有学生的微博教育言论，还要因材施教，应用微博的私信等功能对个别学生实行针对性教育。

4. 坚持微博思想政治教育与其他融媒体教育形式相结合的原则

目前，除了微博以外，微信、抖音、视频号等很多融媒体、各主流官方网络平台同样可以辅助进行思想政治教育活动，如各个高校的官方主页，新华网、人民网等一些官方网页等。思想政治教育工作者可以将多种网络资源结合起来，如将官网上正面的、主流的声音转发到微博上，使学生受到启迪。

三、微信与高校大学生思想政治教育

（一）微信概述

1. 微信公众号

高校官方微信公众号由专业教师担任管理者并建立。思想政治教师应当充分利用微信的功能与优势，改进传统的思想政治教育内容，采用多种受大学生欢迎的方式发布，如影像、视频等，并定期向订阅用户推送，引导学生通过关注、订阅微信公众号获取教育信息，这将有效地促进思想政治教育信息在微信平台上的传播、获取与共享。思想政治教育的范围广泛，高校可以采用微信公众号进行模块化教育，提供多样化的学习内容，以增强针对性和吸引力，从而提高学生的学习积极性。通过设置微信公众号的问答板块，为学生提供学业发展、职业规划、心理咨询等方面的有效帮助，贯彻思想政治教育，在为学生的学习、生活服务等方面发挥积极的作用。

2. 微信群

为了促进思想政治教育的有效实施，思想政治教师应创建一支秩序井然、有交流和互动的和谐的微信群，利用微信社群定期组织学生进行讨论与交流，推动思想政治教育的顺利开展。此外，在微信群里，可以实时为学生答疑解惑，有效地解决他们在学习和生活中的困扰，从而让微信成为高校师生之间进行沟通交流、促进学生发展的良好平台。

（二）微信公众号的创建和利用

1. 组织建设专业团队

对于"微信公众号"的板块建设方面，相关专业团队可以根据现有的微信平台技术，以学校和辅导员的相关工作内容为核心，为学生设立起更加全面的、具有整合性的事务办理信息汇总模块，除此之外，还可以适当增添一些周边高校的相关讲座、学校活动信息、学工工作内容以及专门的学生问题解决模块。对于内容的筛选与编辑，可以由专业团队进行相关思想教育工作的专题信息推送，贴近与联系学生的学习生活实际。公众号可以针对奖学金获得者荣誉展示、优秀学生工作表现寄语、校内外相关教授、名人发布的优秀文章等进行推送，不断丰富微信公众号信息传播的内涵和价值，帮助学生获得更加丰富多样的思想政治教育信息。

2. 优化调整传播策略

辅导员要通过微信公众号来实现更加优质的思想政治教育工作，其中工作效果实现的条件和前提是学生具有较高的参与度和关注度，微信公众号只有吸引更多的学生关注，才能不断实现其功能和作用。因此，需要高校辅导员及相关团队进行微信公众号信息传播和宣传的策略优化调整，培育和提升思想政治教育工作者的品牌推广意识，让学生能够更加充分地了解到学校的新媒体教育思路，使微信公众号获得学生的广泛支持和关注，不断增强学生的阅读和学习参与度，为学生能够在微信公众号中进行更加强化的思想政治教育创造条件、奠定基础。辅导员和相关教育团队可以从优化推广方法入手，不断选择和寻找更加符合学生实际需求的方式来进行微信公众号的宣传。举个例子，在举办学校迎新活动时，可以加强对微信公众号的宣传，呼吁新生关注该平台，并且告知学生各类活动将通过平台进行，同时建立更加丰富的活动类型与平台相关联，拉近学生与平台工作的距离。通过此种主要手段能够不断保障平台的活跃程度，提高学生的参与度和关注度。除此之外，还可以根据各种活动在微信公众号设置投票环节，增强微信公众号的存在感和参与感，不断增加学生的兴趣点，推动学生进行主动的分享和传播，以此来获得更多的学生关注，促进微信公众号的思想政治教育的发挥。

另外，微信公众号以及微信社群都是非常重要的信息传播工具，并且能够在短时间内快速传播。因此，在将它们作为大学生思想政治教育工具时，我们应该特别注重对大学生思想的引导。高校思想政治教师在微信平台上进行思想政治教育时，应注重关键点，有针对性地为高校学生提供有用的学习资源，以正确引导学生面对大量信息的研判，使学生能自觉坚持正确的政治立场，运用辩证思维看待人物和事件，以尽可能客观的态度分析和评论所接触的事件。协助大学生树立正确的世界观、人生观和价值观，助力成功推进思想政治教育工作，使高校学子能自觉对抗不良思想的侵蚀。

3. 保障推送的时效和质量

在当今的互联网时代，信息的传播速度更快，其中包含的信息量也较大，学生会在日常生活中面临各式各样的网络信息传播和推广，因此学生的浏览注意力会呈现出碎片化的趋势，学生在进行网络信息浏览时视线会被分散。在信息量繁多的网络平台下，学生进行浏览时会呈现出浏览迅速等特点，学生会根据自身所感兴趣的相关内容进行重点查阅，如一些娱乐信息、游戏等，而对于一些具有教育性质的文章学生则不会进行过多的关注，这将不利于辅导员通过微信公众号对学生进行思想政治教育，会降低信息的生命力。因此，要实现新媒体思想政治教育质量的提升，应当充分保障推送时效和推送信息的质量，提高信息的趣味性和有效性，尽量避免内容信息过载。

第一，在推送时间上，应当选择更加符合学生阅读实际需求的时间段，晚上11点是学生进行网络浏览和阅读的黄金时间，辅导员和相关团队进行信息内容的发布时应当做到及时、准确，不断保障和提升信息的实效性。

第二，在推送契机上，应当在重大节日、纪念日，如五四青年节、雷锋纪念日等具有教育性意义的重要节日之前进行推送内容的提前设置，要做到能够准确及时地发布相关信息，不断迎合和适应节日氛围，做好主题教育的相关工作。

第三，在阶段安排上，相关团队应当根据学生每天、每学期的相关需求，以及思想认识的变化发展进行调研，根据学生的学习生活发展需求，为学生推送一些具有更高价值量的信息。

（三）微信对思想政治教育的影响

1. 增强了大学生思想政治教育的实效性

微信作为被大众广泛接受的社交工具，为高校师生提供了一个重要的网络平台，使他们能够分享自己的观点，分享信息以及交流思想，对大学生思想政治教育产生了重要的影响。大学生可以利用微信平台随时随地收发信息，通过学校、学院、班级等微社群和各类公众号获得思政教育方面的学习资源，并进行互动交流。微信实时互动和动态化的特性满足了大学生的学习、职业规划和情感熏陶等方面的需求，这为大学生的学习和发展带来了更多的便利。合理利用微信平台资源，可以为大学生思想政治教育提供便利，促进大学生思想政治教育质量的提高，这不仅实现了思想政治教育路径的拓展，也增加了大学生对该教育形式的认可度。

2. 丰富了大学生思想政治教育的形式

教师可以通过微信创建一个在线教学平台，并在平台上对学生进行远程授课。以云课堂为例，无论学生身处何处，只要输入相同的课程号码登录，进入统一的课堂学习，即可实现远程同步学习。同时，学生们可以通过发送弹幕的方式来反馈问题，与同学在弹幕中讨论老师提出的问题，这种上课方式不仅新颖，还提高了教学效率。

四、"微时代"对思想政治教育的影响

（一）丰富了思想政治教育内容

随着"微时代"的兴起和发展，高校的思想政治教育受益匪浅。"微时代"为教育发展提供了多样化的资源和途径，同时还为教学提供了丰富的素材和内容。在"微时代"中，随着智能手机、智能移动终端设备和 APP 客户端的广泛普及和应用，人们之间交流、传递信息和沟通的速度大大加快，使得畅通无阻的交流成为可能。

作为"微时代"代表性的媒介，微博在丰富高校思想政治教育内容上发挥着重要的作用。目前，高校思想政治教育工作的关键在于推广马克思主义思想体系，使马克思主义思想政治教育的经典著作成为高校大学生必读的内容，让大学生们自发地对马克思主义理论产生兴趣，并使其成为思想思维的主导力量。在当前所处的"微时代"，许多年轻的大学生们必须牢记马克思主义基本理论观点、社会主义核心价值观，以及以中国梦为指引，坚持传播正能量。通过利用微媒介的强大功能，可以促进信息资源的共享和交流传播，弥补传统思想政治教育中内容滞后和信息不对称的问题。这将激励学生对新时代、新时期的新思想的学习产生浓厚的兴趣和主动性，并拓展他们的视野，使学生产生强烈的求知欲，从而丰富高校的思想政治教育内容。

微博的主要特点就是互动性，高校微博一改传统思想政治教育的交流模式，高校大学生把藏在内心的话语以虚拟和隐蔽的形式，倾诉给思想政治教育工作者，双方以相对平等的地位进行无障碍的交流，高校大学生把真情实感呈现在高校微博上，教育者可以接触到受教育者的内心深处，这样的思想政治教育才更有说服力。

（二）创新了思想政治教育方法

传统的思想政治教育方法通常采用单一的形式。例如，课堂授课、举办讲座等，学生被动接受教育，这种方法缺乏生动有趣的教育形式和内容，容易导致学生的学习兴趣降低。在高校教育中，由于教师承担着思想政治教育的主要责任，因此教学方式被限制于课本和课堂教育。同时，在高校中，学生与教师之间的交

流和沟通不够及时有效，导致大学生往往缺乏主动参与进课堂的动力，无法充分吸收和掌握理论知识，只能被动地接受教师传授的知识。这种情况也使得高校大学生和教师之间产生了距离和隔阂，从而影响了教学效果。

随着新型媒体如微博、微课等的兴起，高校思想政治教育教学方式得到了更新和拓展，教学变得更加多样化和灵活。这种变革还激发了大学生们更加主动地学习思想政治知识的热情，取得了显著的教学成果。通过这样的教学方式，高校大学生的思想成长也得到了进一步提升，从而实现了由外在表现向内在品质的跨越。在当下这个"微时代"，信息互动性更强，各种信息层出不穷。通过微信、微博等媒介，高校学生可以更自由地表达自己的情感、看法和立场观点。高校思想政治教育工作者能够及时掌握学生的思想倾向和心理需求等相关信息。高校教师和大学生现在不再局限于课堂上的交流方式，他们可以利用微信、QQ 等即时通信工具建立群聊，或者相互关注微博，以便随时交流和沟通关于学习、生活等方面的问题，从而使师生建立良好的关系。将情感交流与理论教学结合起来，有助于促进高校大学生和教师之间的互动和交流，不仅可以提升学生的思想水平，还可以使教师赢得学生的信任和尊重。

在"微时代"下，信息传播的内容有很强的吸引力，传播速度快。因此，高校思政教育工作者应该善于利用微平台宣传和推广具有代表性的教育案例。与传统的报纸和杂志相比，它们的信息更新速度更快，覆盖范围更广，能够快速起到示范作用，避免典型教育事件被忽视。运用典型教育法对高校大学生进行思想政治教育，可以让他们在潜移默化中接受熏陶，更容易被接受。要想让高校的思想政治教育真正深入人心，不仅需要坚持及时更新教学内容，还要确保这一行动不能仅停留在表面，而要赢得大学生的信任和支持，这才是思想政治教育实现实效的关键。

微博的便捷性，适合随时随地开展思想政治教育。微博可以依托于多种终端，学生可以用电脑浏览微博，也可以随时用手机浏览微博。这种便捷性，增加了用微博开展思想政治教育的可行性，使学生随时随地接受教育，可以从单纯地在学校被动接受思想政治教育，变成日常潜移默化"润物细无声"式的接受思想政治教育。

（三）拓宽了思想政治教育渠道

在传统的高校思想政治教育中，教师主要通过口头授课的方式向学生传授知识，这种单一的信息传递方式容易抑制学生的求知欲，并造成学生和教师之间地位的不对等，这使得学生缺乏思考、创新和质疑的能力以及独立思考的能力。随着"微时代"的发展，高校思想政治教育教学方式发生了改变。现在，我们可以采用创新的方式如微电影、微视频等进行思想政治教育工作，为这一领域注入新的元素和活力。

在"微时代"里，学生对于获取知识不再是被动地接受，而更多地成为主动的知识接收者，这对传统教师的主导地位构成了挑战。同时，学生的求知欲也得到了激发。在微时代中，人们可以利用虚拟交流方式，打破必须面对面交谈的限制，享受便利的语音、视频以及短信等服务。另外，通过微媒介，人们能够自由地表达自己的观点和想法，以及展现真实的内心世界。此外，他们还能够轻松地获取感兴趣的信息，具备较高的自主性和主动性。高校微博的开通，更是开启了高校网络互动的时代。

根据相关资料，目前绝大多数高校的学生更倾向于使用微信、微博、短视频等微媒介来获取包括国家大事和政策形势等在内的信息，相较之下，使用广播、报纸、电视等传统媒介的学生所占比例较小。此外，很少有学生通过思想政治教育理论课等传统方式来了解相关知识。因此，微媒介的出现弥补了传统媒介单一信息来源的不足，微信、微博等微媒介成为高校学生和教师广泛使用的代表。

（四）优化了思想政治教育环境

环境始终是个人全面发展与进步中不可或缺的因素。个人的价值观和品德养成以及思想政治教育的实施，都会受到周围环境的影响和限制。人类具备主观能动性，这赋予了他们在遵守客观规律的前提下，通过自身的努力改变周围环境的能力，为各种活动，如思想政治教育等活动提供更好的条件。高校在"微时代"的背景下，需要重新审视和改进思想政治教育的工作方式。由于微媒介的广泛应用，高校思想政治教育的教学资源和内容得到了更加丰富和多元化的拓展，不再局限于传统书本和校园知识，这为高校的思想政治教育提供了更广阔的发展空间和更多的可能性。

思想政治教育能否取得良好的效果，取决于教育者与受教育者之间的交流和沟通。在传统的思想政治教育环境中，学生和教师的地位存在明显的不对等现象，教师相对于学生而言更具有权威性，教师传授知识，学生接受知识，这种地位不平等的关系影响到了传统的思想政治教育课堂以及该教学方式的效果，且一直未能得到明显的改善。在"微时代"的背景下，高校大学生的思维活跃度很高，而且有较为强烈的独立意识。他们希望被接受、被认可，希望得到应有的尊重和充分的理解，同时渴望获得无偏见的公正对待。因此，教育工作者应该充分考虑受教育者的个性特质，认真倾听他们的意见，关注他们的成长变化，同时尊重他们，与受教育者应建立亦师亦友的良好关系。

（五）促进了思想政治教育资源共享

我国当前教育发展的主要问题在于教育资源分配不均衡。随着"微时代"的到来，教育资源分布不均衡的困境逐渐得到缓解。各种信息的广泛传播，使人们可以共享信息资源，打破了传统思想政治教育理论课堂单调和枯燥的氛围。对于高校思政教育来说，这也提供了更多的资源和渠道，弥合了资源单一不平衡的缺陷。

"微时代"改变了高校思想政治教育资源的传播方式，从现实到网络，从单一到多元，传统的面对面口述知识授课渐渐被淘汰。现在，通过"微时代"，传统的书本知识成为更加生动有趣的动态知识，在传播速度上也有显著加快。在"微时代"，由于信息传播的即时性和开放性，思想政治教育工作者可以在第一时间进行信息的选择和采用，以满足教育教学的需要。微博在每秒钟以数以万计次地更新内容，其信息通过网页、信息门户等传输至网络空间。它可以给高校大学生在思想政治教育上提供内容，是学习和分享信息的平台。相对于传统媒体，"微时代"所传递的信息量更加丰富，这进一步提高了思想政治教育工作的效率，同时带动了教育资源更加合理化的配置和共享。

微博、微信、QQ等微媒介应用的兴起带来了新的教学模式，打破了传统的点对点、面对面的教育形式。这种新模式为大学生开辟了更多的学习机会，使他们能够自由地在网络上搜寻相关学习资源。此外，高校学生和教师之间的互动更加顺畅了，学生可以针对性地与教师交流、探讨问题，自由地分享自己的思考和见解。这样，学生不仅可以克服在课堂上的胆怯心理，还能更好地提高自己的学术水平。作为思想政治教育者，他们可以通过多渠道获取有用的教学资源，不断更新和调整教学方法，以更好地满足高校大学生的日常需求。"微时代"改变了高校思想政治教育的方式，不再是传统的单向教学，而是朝着互动交流的方向发展。同时，从传统的实体教学走向了虚拟网络教学，从简单的平面教学走向了更加多元化的立体教学，这些都促进了高校思想政治教育资源的共享。

第四章　大学生思想政治教育实践

坚持立德树人，德育并重，将思想政治工作贯穿教育教学全过程，是当前教育工作的重要任务。本章对大学生思想政治教育实践进行了深入论述，主要从大学生思想政治教育实践机制建设、大学生思想政治教育具体实践路径这两个方面展开讨论。

第一节　大学生思想政治教育实践机制建设

一、大学生思想政治教育实践的原则

（一）重视融合主体性与主导性

高校学生在思想政治教育的引导下更加自觉地认识到自身的主体意识，同时思想政治教育的自发秩序也冲击了高校学生价值引导的主体性。这意味着高等院校、政府和社会在进行价值引导时需要尊重学生的主体性，发挥高校学生的能动作用。为了克服思想政治教育自发性带来的问题，高校需要加强主导性，但也要注意融合主体性，实现主导性与主体性的有机结合。

主体性是指高校学生的能动作用，让高校学生自觉接受积极的影响，自主思考、自我觉悟，自主建构符合国家和社会发展要求的价值观。主导性指的是引导者通过多种手段、各种方式，使高校学生自觉行动起来，在实践活动中树立符合国家和社会发展要求的主流价值观。

主体性和主导性相互依存，是互为表里的两个方面。一方面，要实现新时代高校学生思想政治教育的价值观的引导，需要高等院校、政府和社会共同协作。

另一方面，新时代高校学生的思想政治教育价值引导还是需要通过高校学生自主的构建才能实现最终目标。主导性是高校学生的价值观发生变化的外部因素，主体性是高校学生价值观转变的内部因素。主导性的发挥为新时代高校学生的思想政治教育价值创造良好的外部环境和条件，并以适当的方式传播价值导向的内容，引导其形成正确的思想信仰。只有在主导性作用的促进下，高校的学生才能充分发挥主体性。要衡量主导性的效果，需要看主体性是否能够充分发挥，也是高校学生思想政治教育价值引导的目的和归宿。高等院校学生可以通过自我反省、自我修养等途径，提升自己的价值判断和选择能力，以更好地发挥自身的主动性。在新时代，高等院校的思想政治教育需要引导学生积极发挥主体性，这仍然是至关重要的。

我们需要兼顾主体性和主导性，保持二者的一致性和统一性原则。除了要注重从外部进行高等院校、政府和社会的引导，我们还需要重视内省自修的自我引导。一方面，需要充分发挥高等院校、政府和社会的主导作用。美国著名教育家杜威说，"教育即指导[①]"，高等院校、政府及社会要用正确的价值观指导学生，用马克思主义的价值观武装学生的头脑，增强高校学生在思想政治教育中的价值判断和价值选择能力。高等院校、政府及社会应当积极引导高校学生接受合理的思想政治教育，对于有误导性的内容，要及时加以纠正，确保学生们的价值观一直走在正确的轨道上。另一方面，高等院校、政府和社会应该充分调动高等院校学生的主动性。我们需要认识到高校学生有能力主动构建他们的价值观，基于这一认知，我们应该鼓励他们成为价值引导活动的组织者、促进者和合作者。根据高校学生的认知图式和个体偏好等，我们需要灵活选择素材，采用多种方法进行思想政治教育，这样可以使价值引导更生动、形象和有力，从而有效提高教育的针对性和有效性。例如，湖北工业大学的马克思主义学院邀请了道德模范和校外专家进入校园，为学生们带来了"阳光下的思想政治课"，以增强学生对价值引导的理解。此外，该学院还联合优秀高校学生实践团队和思政课老师举行专题讲座，运用高校学子身边发生的故事，进行针对性的价值引导。该学院通过采用一种新的思想政治课改革模式，将价值引导内容从高校学生社会实践活动中汲取，这一做法激发了学生参与的热情，同时也实现了价值引导主体性和主导性的统一。

---

① 约翰·杜威. 民主主义与教育 [M]. 北京：人民教育出版社，2001.

（二）坚持开放性与规范性相统一

新时代，高校学生可以通过多种途径获取信息并接触各种内容。虽然这种开放性为学生带来了多元化的学习机会，但也造成了价值引导视野有限性的问题。因此，在保持价值观引导内容规范的前提下，我们需要采取"变"与"不变"的方法论，即在保持内容规范性的同时强调内容的开放性。高等院校、政府和社会需要遵守开放性和规范性相协调的原则，以实现这个目标。

开放性指的是社会意识形态与其他社会的各种思想不断相互融合、相互影响。在高等教育中，学生会接触到各种各样的思想流派，因此学生思想引导的内容需要注重开放性。规范性是指高校学生的价值引导内容必须有明确的方向性，能够反映社会主流价值观。高等院校应该确保学生在多元化的价值引导内容中不会迷失方向。

要坚持开放性和规范性相统一的原则，需要遵循两个方面的要求。一方面，要在坚持价值引导内容规范性的前提下提倡开放性。高等院校、政府和社会在选择价值引导内容时要确保规范性，这是方向。为了确保开放内容的针对性和准确性，我们需要坚持规范性。另一方面，需要保持主导性，以价值引导为基础推动内容的开放性。现代社会的信息技术正在迅速发展，信息量越发巨大，导致高等院校的学生在思想政治教育价值引导内容方面有更多选择的余地。然而，我们需要选择更具规范性的内容，以更好地引导和塑造价值观。

（三）尊重和综合各类价值引导

在高等院校中，我们需要提升思想政治教育的多元渠道，使学生价值引导能做得更好。然而，目前的价值引导方法相对滞后，需要高等院校、政府和社会共同努力，探索新的价值引导方法，坚持多样性与统一性的平衡原则，即尊重和综合各类价值引导方法。

所谓多样性是指高等院校在思想政治教育中，价值引导的方法是多样的。线下的课外阅读活动、文艺类活动、社团活动、志愿服务活动、社会实践调研、社区服务活动、假期兼职等活动，线上的阅读活动、公益活动、观影活动、网络社团活动、网络游戏等，都可作为高校学生思想政治教育价值引导方法。所谓统一性是指尊重高校学生思想政治教育价值引导方法的差异，并实现多种价值引导方法相结合，使其共同服务于高校学生思想政治教育价值引导的目标，确保高校学生思想政治教育价值引导的思想性、价值性和合理性。

尊重和综合各类价值引导方法，有两个方面的要求。一方面，价值引导方法统一性是多样性的必然要求。高校学生通过多种渠道接受思想政治教育，不仅增强了学习的灵活性、针对性和丰富性，还探索了创新的高等院校思想政治教育价值引导方法，使教育的引导方法变得更加多样化和丰富化。这些多样化的方法对于大学生的价值引导是相互关联的，我们必须将它们融合起来，并包容它们的差异之处，这样才能实现高校学生思想政治教育价值引导的目标。这样做可以保证大学生对思想政治教育价值引导的理解准确和深刻，并实现高校学生思想政治教育引导的最佳效果。另一方面，我们应该坚持在尊重多样性的前提下使用价值引导方法。在高校学生思想政治教育价值引导方面，注重统一性的同时，也应该尊重和包容使用多样化的方法，以满足不同层次高校学生群体的个性化需求，提高高校学生思想政治教育价值引导的针对性。

尊重和综合各类价值引导方法，需做好以下两点。一是高等院校、政府及社会要努力挖掘高校学生思想政治教育中的价值引导方法，并巧妙地利用现代信息技术，如大数据、人工智能和区块链等，将信息技术的工具理性和价值引导的价值理性有效结合，使高校学生价值观引导变得更生动，实现价值引导方法的创新。二是高等院校、政府和社会各方面共同使用各种价值引导方法。高等院校、政府和社会应该了解各种高等教育学生思想政治教育方法的特点，协调综合各种方法，以找到为高校学生提供思想政治教育服务的统一性方法。

（四）切实做好疏导防范工作

新的历史方位下，高等院校进行思想政治教育可能给高校学生价值引导带来潜在的风险和挑战。这就需要高等院校、政府和社会共同合作来预防风险。我们要遵循防范和疏导相结合的原则，引导学生建立正确的价值观，为国家和社会发展服务。

疏通是放手让高校学生自由地表达他们的思想和观点，同时根据对他们行为和表现的观察和研究，用提供建议的方法引导他们；引导是在前者的基础上对正确的价值观念和观点予以肯定，对有错误价值导向的想法和意见通过民主、平等的讨论，在说服教育、批评与自我批评的过程中将其转化为积极因素。防范性是指通过一系列的手段净化高校学生思想政治教育的环境，排除错误的价值引导，以确保学生在思想政治教育过程中不会受到错误观念的影响。

在进行新时代高等院校学生思想政治教育时，需要重视学生的心理状态并做出相应的引导措施。通过理解高等院校学生的心理状态，运用感性和理性相结合的方法，解决学生在思想政治教育领域中出现的价值观方面的困惑。在疏导过程中，我们首先需要坚持问题导向的原则，聚焦于高校学生在思想政治教育方面的价值问题，从正面对这些问题进行积极疏导。其次，我们需要重视情感关怀，在进行疏导时不能使用指令的方式。引导者应该与高校学生平等对话，并通过交流引导他们树立正确的价值观。最后，在进行疏导时需要注重技巧。疏导需要循循善诱、以理服人，在恰当的时机以适宜的方式进行，要以耐心解释、观点清晰的方式来说服对方。

需要预防高等院校思想政治教育领域中对学生进行价值引导可能存在的潜在风险。第一，高等院校、政府及社会应关注国内外形势对学生思想政治教育场域的影响，深刻了解形势，防患于未然。第二，高等院校、政府和社会应该关注思想政治教育领域可能存在的风险。高等教育机构应该关注多个领域的思想政治教育，同时需要识别哪些领域可能存在风险，并确定具体的风险类型，提供针对性的风险预防措施，以避免不同领域之间可能发生的风险联动。第三，高等院校应采用多种形式，如思想政治理论课、讲座、微课等，引导高等院校学生辨别各种不良价值观，增强他们的风险识别能力和防范意识。

（五）厘清显性教育与隐性教育的关系

显性教育是引导者通过多种公共途径和场所，有计划、有目的地向高校学生提供有意识的、公开的、直接的价值引导。隐性教育指的是以隐蔽的、间接的、无意识的方式对大学生进行价值引导，其方式包括营造文化氛围、提供活动场所和塑造社会环境等方面。

在思想政治教育中，需要明确显性教育和隐性教育的关系，这两者是相辅相成的。它们不仅相互独立，而且相互影响。在进行高校学生思想政治教育价值引导时，需要关注以下几个方面。

一是要充分发挥显性教育的主导作用。显性教育是与我国的思想文化、社会制度和教育资源相适应的价值引导方式，借助显性教育，我们能够正确引导个体的价值观，准确把握整体方向。高校学生在接受思想政治教育时，会接触到各种不同的价值观，这可能会导致他们面临价值冲突，难以判断对错、善恶和美丑等界限的情况，这时候就需要发挥显性教育的主导作用。

二是要充分发挥思想政治教育的广泛性，做好隐性教育。隐性教育不具备系统性，方法是隐蔽的，发挥着"润物细无声"的作用。隐性教育的过程是在社会生活和生产实践中融合的，其理念是通过实际操作来学习，即"实践出真知"的过程。各种隐性教育资源无处不在，如校园文化、家风等，都是其中的一部分。在思想政治教育中，有许多方法可以应用，而其内容则应该是多元且开放性的，也应该在不同的场域中进行，这样可以有效地利用其内在的隐性教育资源。高等院校、政府及社会应该充分挖掘思想政治教育中与价值引导相关的隐性教育资源，使我们的教育环境在物质和精神方面都更加纯净。此外，我们还应该采用隐性教育的方式，对高等院校的学生进行思想政治教育的价值引导。

二、大学生思想政治教育价值引导机制

高等院校、政府和社会应该采用多种机制，其中包括自律与他律相结合的培养机制、知识与价值相结合的学习机制、多路径与同向行相结合的互动机制、回应问题与正面引导相结合的宣传机制以及日常生活与严肃主题相结合的实践机制，以引导高等院校学生形成正确的价值观。

（一）培养机制方面：自律与他律相结合

高校学生在接受思想政治教育时，应该主动发挥自我意识和主观能动性，以实现学生自主学习与自我管理。在进行价值引导时，需要善用高校学生的自我调节能力，培养他们对于价值观念的认知、认同和内化。高校学生的自主思想政治教育可能会破坏价值引导的主体性，因此需要通过外部引导加深他们对价值的认知、认同和内化。高等院校、政府和社会应通过整合自律和他律的培养机制指导高校学生的思想政治教育，以实现其教育价值引导的目标。

对于价值引导，自律扮演着至关重要的角色。在中国古代，思想家们也倡

导通过养成个人自律的习惯，如"慎独"和"每日三省吾身"，以加强个人的道德修养。高校学生在思想政治教育活动中，可以有目的、有计划地对自己进行内在调节，以适应国家和社会的要求，同时也满足自身需求，从而实现自我管理的目标。自我管理在高校学生中非常关键，它能够帮助他们自觉抵制错误价值观，始终坚定维护并体现主流正面价值观的内心信念和外在行为表现。因此，高等教育机构可以采用组织主题班会、座谈会等形式的活动，引导学生塑造正确的价值观，并通过加强他们的自我约束能力，促进他们具备抵御错误价值观的能力。

高校学生在接受思想政治教育时只接收单一的观点，这种片面的教育方式会阻碍他们自身价值观的发展，并限制了主流价值观的自然形成。为了约束高校学生的行为，需要高等院校、政府和社会共同积极发挥规范行为的作用，采取规范措施来实现。高等院校、政府和社会应该采取措施，制定相关的法律规章和制度，借助其强制力，改善思想政治教育的环境。同时，需要在网络思想政治教育领域充分利用实体措施和网络技术的措施来确保思想政治内容的准确性和合规性。为了提高职业把关人的把关能力，可以通过各种培训来加强他们的理论基础，并掌握网络时代的各种技术，以提高把关水平。为了有效地进行数字化审查，我们需要熟练掌握不同技术，利用算法和平台进行验证，以发挥数字审查者的作用。此外，高等院校应该强调对学生的理论教育，这将有助于提升他们的理论修养，从而实现从被动接受到主动规划的转变，使他们树立正确的价值观。

总的来说，自我约束和外在规范都能对高校学生的思维和行为进行规范。在新时代的高等院校思想政治教育中，我们不仅要注意通过外在规范来限制学生的行为，还应该注重培养学生自我约束和自我管理的能力。通过综合运用这两种方法，引导学生形成正确的价值观。

（二）学习机制方面：知识与价值相结合

思想政治教育的内容是开放的，高校学生可以在网络自主学习活动、社会实践活动和休闲兴趣活动中获取各种不同的知识。由于现代社会工具主义知识观地产生，一些知识比较偏向于工具理性，因此其价值理念会有所弱化。因此，高等院校应该在思想政治教育中注重价值引导。为了达到这个目标，我们应该运用习近平新时代中国特色社会主义思想引领思想政治教育内容，让知识与价值相互交融。

要使知识与价值相辅相成，一是高等院校、政府和社会应该将价值理性融入开放的思想政治教育中。因为高校学生的眼界有限，所以他们对开放的思想政治教育内容往往不能完全领会，因而我们需要拓宽他们的价值引导视野。高校学生通过网络自主学习，学习的内容来自多个网络平台的不同创造主体，这些内容更新频率快，数量众多。高校学生社会实践活动具有社会属性，其内容的确定经过多方资源和力量的参与。高校学生可以自主选择参加各种休闲兴趣活动，此外，这些活动不限于固定的思想政治教育内容，而是多种多样的。我们不仅应该让高校学生通过开放性的思想政治教育内容丰富他们的知识，而且还应该引导他们树立正确的价值观。为了让高校学生的思想政治教育更加丰富，我们建议高等院校、政府以及整个社会应该共同为思想政治教育的内容赋能。二是呼吁高等院校、政府和社会把先进的价值观纳入思想政治教育的课程中，以此扩大学生的知识面和理论体系，拓宽价值引导视野，培养高校学生的价值观，并让知识与价值在实践中得到统一。三是要在高校学生思想政治教育实践中，将知识和价值紧密结合、相互融通，达到一体化的效果。社会实践是使人形成价值观和社会意识的基础。在这种情况下，高等院校、政府和社会应该提供给学生参加社会实践的机会，鼓励他们在实践中实现知识与价值的结合。

综上所述，为了促进高校学生思想政治教育的全面发展，需要开放思想政治教育内容，并且应该由高等院校、政府和社会一同参与价值引导的工作。此外，为了确保高校思想政治教育内容更具实效性，我们需要将先进的价值观融入价值引导的内容结构中，并且积极开展更多的社会实践活动，以鼓励高校学生将知识和价值有机地结合在实践中。

（三）互动机制方面：多路径与同向行相结合

高校学生在接受思想政治教育时，通常会受到来自外界各种因素的影响，此外，他们的学习方式也十分多样化。因此，仅仅依靠单一的价值引导方法是无法有效地解决问题的。高等院校、政府和社会应当采用多路径与同向行相结合的互动机制。

坚持多路径与同向行相结合的互动机制，一是需要创新价值引导方法。在高等院校中，思想政治教育方法多样，但是价值引导方法相对欠缺。我们在开展思想政治教育时，应该传承传统的价值引导方法，同时善于吸纳积极的影响因素。此外，我们也应该运用现代技术创新价值引导方法，促进价值引导方法得到多元化发展。二是要坚持各种价值引导方法在同一个方向上行进并相互协调。一方面，要坚持正确的政治方向。高校学生的价值引导方式因思想政治教育方法的多样性而得以多样化。为避免价值引导偏离正确轨道，我们必须坚持马克思主义的方向、社会主义的方向和共产主义的方向，否则会使高校学生价值引导形式化。另一方面，多种高校学生思想政治教育价值引导路径应协调发展。高校学生接触到的思想政治教育内容非常丰富，需要多方面地引导学生的价值观，高等院校、政府和社会要协同引导。现如今，我们正处于信息技术飞速发展的时代，普适计算迅速发展，学习是联通的，我们需要跟上时代发展潮流，积极构建价值引导的联通。实现该目标需要采用多种价值引导方法协同合作。为了实现多种引导路径的协同发展，需要推动高校学生多路径的渗透和融合。高校学生思想政治教育价值引导的方法包括显性与隐性方法、虚拟与现实方法、社会教化与自省方法等，高等院校、政府及社会要将显性与隐性相结合、虚拟与现实相结合、社会教化与自省相结合，实现多路径的渗透与融合，发挥其协同合力。

三、大学生思想政治教育价值引导实现路径

针对新时代高校学生思想政治教育价值引导的机遇与挑战，基于高校学生思想政治教育价值引导的原则与机制，思想政治教育工作者要更新价值引导理念，政府要推动弘扬主旋律文化环境的制度建设，高等院校要综合运用传统与现代的价值引导方法，专业教师要构建"大思想政治"与"社会大课堂"相结合的工作格局进行高等院校学生思想政治教育价值引导。

（一）思想政治教育工作者要更新价值引导理念

在高等院校的青年学生的价值引导方面，理念是行动的前提，只有不断更新自己的理念，不断创新自己的方法，才能够紧跟时代的步伐和人们思维方式的变化，保持竞争力。从思想政治教育角度出发，教育工作者应当树立个性化

引导理念、一元主体与包容多元的引导理念以及泛在引导理念来引导大学生的价值观。

一是个性化引导理念。在高等院校的思想政治教育中，学生具有个性化倾向，可以根据个人的需求、兴趣和特长自由选择学习内容、方法和场所等，这就要求思想政治教育工作者在进行高等院校思想政治教育价值引导时，首先，要树立个性化引导理念。个性化学习更加注重以人为本、因材施教。"因材施教""以学习者为中心"的教育思想都体现了个性化学习的理念。因此，我们需要尊重不同的高校学生的兴趣、专业知识和个性特点，以及允许学生自主选择价值引导内容、目标和方法。其次，思政教育工作者需要平衡全面发展和个性化发展，二者不能偏废。高等院校的思想政治教育工作者应该遵循学生个性化发展的原则，在进行价值引导时通过与学生合作、组织活动来培养不同方面的能力，同时实现全面发展与个性化发展的有机结合。最后，思想政治教育工作者要给高校学生提供展示自我的机会，让他们在交流的过程中自发地接受和融入价值观。根据建构主义学习理论，学习是个体在已有认知图式基础上与他人协商的结果。高校学生在接受思政教育时，若有自我表达的机会，不仅可以发挥他们的学习能动性，还能促使他们在与他人交流中内化价值观。

二是建立以一元主体思想为核心同时接纳多元化的引导理念。由于思想政治教育的自发性和开放性，高校学生会接受多元的价值观，但这也可能导致信仰危机。这意味着思想政治教育工作者需要既树立一元主导，又要包容多元的思想观点。社会主义核心价值观必须始终引领思政教育工作者的工作方向。社会主义核心价值观是为了满足我国改革发展的内在需求而提出的，它与当前世界的发展趋势相符合，旨在成为我们国家社会文化体系和个人行为的指导价值观。为了维护国家意识形态的稳定，思想政治教育者应在引导价值观方面深入贯彻社会主义核心价值观，并增强高校学生的价值选择和判断能力。另外，思想政治教育从业者需要同时坚持"一元"和"多样"的原则。在现代社会的发展中，我们需要包容各种价值观的存在。同时，高等院校通过思想政治教育，能够让学生充分自由发展、全面成长。社会中存在主次有别、层次分明的价值系统，这为高等院校学生提供了价值选择的自由度，也能发挥社会各方面的积极性。高校学生只有在接受思想政治教育的过程中，理解和内化积极的价值观和社会主义核心价值观，才能真正将这些价值观付诸实践。基于社会主义核心价值观，我们应该包容多样的价值观，并逐渐引导和转化那些不够高尚的价值观，以实现不同价值观之间的协调和平衡。通过接受思想政治教育，高校学生们形成了不同种类的价值观念。思想政治教育工作者需要尊重并促进学生的积极价值观，同时保持社会主义核心价值观的引导作用，并帮助学生从低级层次的价值观向高级层次的价值观转变。

三是要建立泛在引导理念。在进行大学生价值引导时，思想政治教育工作者应该提倡泛在学习的引导理念，因为思想政治教育过程是泛在的，学习者随时随地都能够利用周围的各种资源进行学习。第一，为了引导高校学生正确的价值观，思想政治教育工作者需要构建价值引导的泛在场域，实现学校场域和社会场域的无缝对接。高校学生可以通过在学校学习和接受思想政治教育，习得价值观。高校学生价值引导需要既能突出学校的价值引导作用，又能强化思想政治教育中各引导者的价值引导功能，确保在不同场合、不同形式的教学中都能实现无缝衔接的价值引导。第二，思想政治教育工作者要实现价值引导资源的共享。在思想政治教育中，注重以学生为核心，强调学生的主体地位。在满足学习者需求和强调其自主性方面，实现资源共享起着至关重要的作用。高等院校学生之间可以分享有关于价值引导信息、知识、意义以及精神的资源，通过这种资源共享创造出多样化的价值引导资源数据库，最终将其扩展成价值引导资源链。

（二）高等院校要综合运用传统与现代价值引导方法

思想政治教育的方法是多样的，目前单一式的价值引导方法不能满足高校学生多样化的需求，这就需要高等院校综合运用传统与现代的价值引导方法。

高等院校应该有效地运用传统的价值引导方法。在高等院校中，传统的价值引导方法包括理论说服、舆论引导和榜样引领等。这些引导方法都是非常有效的，可以在思想政治教育中起到积极的作用。高等院校通过理论说服，对高校学生进行正确的价值观灌输，发挥引导者的主导作用。高等院校通过一定的价值规范，对学生的价值观进行引导和转变，这就是舆论引导。这种方法不仅可以引导学生接受主流的价值观，同时也能引导他们在社会生活中有更好的表现。榜样引领与思想政治教育中的观察学习一致，可以在潜移默化中影响高校学生，使他们形成正确的价值观。

　　高等院校应该创新传统的价值引导方法，运用学生思想政治教育活动资源，以适应时代的发展需求。

　　一是要利用各项文艺创作类活动进行价值引导。在高等院校中，文艺活动是一种重要的思想政治教育方式。一些西方学者认为，文化具备潜移默化的能力，可以贯穿人的一生并影响人格的形成。马克思主义经典作家也承认了这一点，认为文艺的实践具有育德的作用。因而，开展文艺创作类活动可以作为高等院校引导大学生树立正确价值观的一种方式。目前，已经有一些使用此方法对高校学生进行价值引导的成功案例。例如，在某大学举办的陶瓷窑变花釉和书法为载体的文化创作活动中，专业教师与思政课教师共同参与进来。除了传授艺术技巧，思政课教师还带领学生深入挖掘文化作品中的思想政治内涵。通过文艺创作活动，教师引导高校学生树立正确的价值观。在无锡工业职业技术学院，他们运用了相声这一形式，该校的金山相声社以社会热点为主题，创作剧本，通过相声表演的形式传递和弘扬社会主义核心价值观。

　　二是高等院校需充分利用好互联网的优势，运用好观察示范法进行价值引导，积极推进价值观的传播。在"互联网＋"背景下，采用示范法可以更有效地引导高校学生树立正确的价值观，这种方法的效果也更加显著，因为示范的形式越来越多样化，这可以引起学生们对核心价值观信息的兴趣。根据观察学习理论，决定注意的因素包括三个方面，分别为示范活动的特征、观察者的特征以及人们互动的结构安排。随着"互联网＋"时代的到来，越来越多的新技术不断涌现，其中包括云计算、虚拟技术、网络视频等，这些技术使信息越来越呈现扁平化、图像化、去中心化的发展趋势，从而增强了信息的吸引力。为了不断向高校学生输入核心价值观信息，学校需要运用新技术，将价值引导内容融入虚拟技术和网络短视频等，以引导学生的思想政治教育。例如，浙江大学利用大数据对唐诗宋词进行可视化处理，创造出了"数说唐诗宋词"项目，该项目在网络上广受欢迎，并成为热门话题，备受年轻高校学生的追捧。该大学的相关负责人表示，"数说唐诗宋词"是以支部为基点建设的一个项目。它既有利于团队内凝聚人心和力量，也有助于传统文化的传播，树立文化自信。其次，高等院校应当充分利用"互联网＋"的开放性、互动性和融合性特点，强化高校青年学生核心价值观信息的记忆。根据观察学习理论，符号转化以及复述有利于观察者对信息的记忆。在"互联网+"的时代背景下，我们需要在各大网络平台上宣传核心价值观信息，以方便高校学生随时获取并深入理解，从而巩固其对核心价值观的认知，强化其对核心价值信息的保持。最后，高等院校应该采取多种方式来增强学生们对核心价值观的表达和实践。根据观察学习理论，观察习得的行为受到多种因素的影响，包括直接诱因、替代性诱因以及自我生成诱因的影响。引导者应该利用好替代性诱因的作用，利用社交媒体平台（如微信、微博、抖音等）的点赞和转发功能，将充满正能量的内容推向流行话题榜，营造一种积极向上的文化氛围和良好的价值引导氛围。

三是高等院校应当积极运用大数据技术，构建一个价值引导信息数据库，实现价值引导信息的精准化推送。随着大数据时代的到来，高校可以利用学生在网络上留下的碎片化数据来建立学生画像模型，以便更全面地了解学生的个人情况、兴趣爱好等信息。高等院校可以借助这些画像模型，建立一个价值观个性化学习资源数据库，为高校学生的价值观个性化学习提供资源支持。另外，高等院校可以充分利用算法推荐功能，根据学生的画像模型，积极向他们推送适合高校学生的价值引导内容，从而实现价值引导的精准化。

（三）建设主旋律文化环境制度

主旋律文化是主流意识形态所倡导和推行的文化，承载着主流价值观，能为人民服务、为社会主义建设服务。在文化多元化时代下，思想政治教育场域内存在多元文化、多种社会思潮，多种文化"力量"交汇，具有弱化主流价值观的风险性。马克思主义经典作家主张文艺育德，习近平总书记指出，加强高校思想政治工作，要更加注重以文化人、以文育人。政府应该积极弘扬主旋律文化，构建弘扬主旋律的文化环境，发挥文化育人的作用。建立健全的制度可以激发人们的积极性和创造力，同时为营造主旋律文化环境提供必要的保障。一是政府应当通过制定更加严格的文化产品生产法规，以建立一个有利于宣扬主旋律文化的环境。在社会主义市场经济环境下，一些文艺创作者不顾良知、只顾个人利益或拘泥于市场需求，片面强调受众的感官享受，而忽视了他们的精神需求。在思想政治教育领域里，充斥着一些低俗、庸俗、媚俗的文化产品，这些产品可能会误导高校学生，对他们的价值观产生负面影响。因此，政府需要制定法律规定，限制发行和销售低俗的书刊、音像制品等，同时鼓励创作和生产优质文化产品，以促进主旋律文化的扩大影响。二是要有效地监管文化市场，对监管制度进行改进和优化。在"互联网＋"的时代背景下，网络的开放性和互动性等特点为低俗趣味文化的传播提供了发展的"机遇"。由于网络思想政治教育领域文化产品的质量不同，这些文化产品可能误导高校学生，影响他们的价值观。为了优化文化市场的监管制度，净化网络文化环境。一方面要发挥市场主体、社会组织和行业组织等的协同治理作用。政府需要转变监管角色，从全能监管者转向调控者，建立一种开放的沟通环境，以便各种文化生产主体的充分博弈，避免传统监管方式对多元主体利益造成不良影响。文化市场治理应该也需要文化生产主体承担责任，增加监管投入，积极参与文化市场治理行动。行业组织肩负制定行业行规、标准和公约的责任，从而推动文化市场的监管的健康发展。另一方面，要明确内容标准，实现分类管理。由于缺乏明确的标准来界定内容对应的行为，导致内容审核变得主观、随意。因此，在内容监管方面需要建立明确的标准，对内容进行分类，以实现有据可依的内容监管。三是完善文化产品评价体系制度建设。主旋律文化是为人民服务的、为社会主义建设服务的，在对文化产品进行评价时，要将其是否能为人民服务、是否能为社会主义建设服务作为最高标准。同时，我们也需要兼顾群众评价、作家评价以及市场检验等因素。为确保文化产品评价的权威度和公信度，需要优化评奖机制，确保其公平、公正、公开；需要简化评奖类别；需要合理规划票房、收视率和发行量等方面的数据。在评估文化企业时，不应局限于经济效益，还需要更关注其社会效益。

（四）专业课教师要注意工作格局的构建

思想政治教育泛在性表明高校学生在接受价值引导的过程中存在不足。因此，专业课教师需在教学中结合"大思想政治"与"社会大课堂"的工作格局，从而提升学生的思想政治素质。

专业课教师应该将"大思想政治"与"社会大课堂"有机地结合起来，在此过程中，教师需要不断提升自己的价值引导能力。高等院校的专业课教师肩负着培育学生的责任和使命，他们是学生成长的引路人。为了达成这个目标，专业课教师需要在以下四个方面增强他们的价值引导能力。其一，专业课教师应意识到自己教育学生的责任和使命。高校学生的生活方方面面都涉及价值观。为了解决高校学生价值观迷失的问题，不仅需要思想政治课教师的引导，还需要专业课教师的支持。除了清楚地了解专业课程的培育作用之外，专业课教师还应该发挥其培养学生综合素质的作用。高校学生正处在价值观形成的关键时期。因此，在专业课教学过程中，专业教师应注重价值引导，帮助学生成为合格的建设者和接班人。其二，专业课教师应该加强政治理论学习，并自觉提高马克思主义理论的素养。只有具备扎实的政治理论水平，才能够有效地引导大学生的价值观。除了参加系统的学习以外，专业课教师还应当积极自觉地阅读马克思主义经典著作以提高政治理论水平。其三，专业课教师应当深入探究专业课程中蕴含的价值引导要素，以此为基础进行更为有效的教学规划。在高等教育领域中，课堂教学是一种重要的价值引导方式。为了有效地实现价值引导的目标，专业课教师需要结合所授专业的特点，挖掘出高校学生价值引导的元素，并在潜移默化中进行价值引导。例如，在人文社科类课程中，我们可以将中华优秀传统文化和红色文化的内容贯穿其中，以帮助大学生消除价值困惑，同时引导他们认同社会主义核心价值观。在自然科学类课程中，专业课教师可以将科技发展背后的故事融入课程中，以此激发高校学生的国家意识和爱国情怀。通过传递老一辈科学家的团结协作、无私奉献以及忠于国家的精神，引导学生为社会主义现代化建设做出贡献。其四，专业课教师需了解学生的思想动态，通过良好互动提高价值引导的效果。专业课教师可以通过结合线上、线下以及线上访谈等方式来了解高校学生的价值困惑，并及时提供引导。

专业课教师应当鼓励高校学生积极参与社会实践活动，并在其中引导他们树立正确的价值观。例如，某大学利用乡村振兴调研的思想政治教育活动，进一步加强了高校学生对社会主义核心价值观的认知和认同程度。该校创设"新时代乡村变迁与振兴"调研团，安排学生在假期前往乡村展开调研活动。此举旨在鼓励学生与当地群众进行交流，聆听乡村发展的故事，通过记录与阐述乡村发展历程的社会实践，深化学生对社会主义核心价值观的认知与认同。

第二节　大学生思想政治教育具体实践路径

基于当前我国思想政治教育面临的问题与困境，如何破解这一现实困境，提高思想政治课的实效性，成为亟待解决的关键问题。

一、教育主管部门要优化课程管理制度

在我国，教育行政部门分为中央教育行政部门和地方教育行政部门。高校的教育需要中央行政教育部门的统一指导，同时也需要地方教育行政部门基于本地实际情况进行规划和设置。为了确保高校思想政治课教学受到更多的关注并能够顺利开展，教育主管部门需要采取以下措施。

（一）提高课程重视程度

教育主管部门需重视思想政治课，通过提高高校思政课的比重和变革现行考试制度，提高公众对该科目的认知和关注度。长期以来，高校的思想政治课程并没有得到太多的关注和重视，这是因为很多人对其价值和意义存在着狭隘的认知，这种认知阻碍了思想政治课发挥其应有的作用和功能。因此，提高思想政治课的课程地位是解决"轻视"问题的关键。教育主管部门应优先关注加强该课程在制度和理论方面的重要性和地位。需要对一些新方案实施一段时间后进行继续考察，以确定它在具体实践过程中的地位。还需要分析考察结果，以确定是否可以改变当前的课程教学现状。

（二）变革现行的考试制度

因为现行的教育考试制度仍然以测试学生记忆理论知识为主，所以学生通常只需要记住课堂上教授的内容并在考试中运用，就能取得好成绩。如果进行课程改革，短期内可能无法立即见效，并且在改革过程中教学进度和学生成绩都可能受到影响。这种影响会涉及教师个人的声誉、教学效果评估、职称评定等多个方面，因此教师不敢轻易进行课程改革。为了更加有效地落实思想政治课程的"立德树人"目标，各级教育管理机构应深入思考如何改革当前的考试制度。

（三）加大资金投入

我们需要认识到，一些偏远地区由于地理环境和自身因素的影响，相对于沿海和内陆地区而言，其经济发展较为滞后，自身的发展机制也不够完善。因此，国家和政府应当加大教育经费的投入，以推动这些地区的发展。特别是增加专项经费投入到高校教育领域，可促进高校教学环境的改善，确保教学活动有条不紊地进行。作者通过调研发现，很多高校在教学硬件设施方面存在问题。一些教室没有多媒体设备，或者即使有多媒体设备，却因缺乏资金无法进行维修，导致出现设备故障后长期得不到修复。此外，许多高等院校在操场、洗手间等校内公共基础设施方面还有许多欠缺之处。例如，经过两年的施工，某高等院校的操场仍未完工，导致学生无法进行体育锻炼。作者曾到访一所高等院校，其间向学生征求了针对课程教学和学校设施的意见建议，结果发现大部分学生并没有提出有关课程教学的建议，而是希望学校能提供更为宽敞、卫生的厕所设施。

二、社会要营造良好的教育环境

（一）加强经济的助力

经济基础决定上层建筑。要持续改善学校的教学基础设施，必须要有地区经济的支持和发展。只有地区经济繁荣，才能保证教育事业的不断进步。只有当地区经济不断增长并创造更多的就业机会时，大学生的就业率才会提高。政府需要加强对当地特色产业的开发，以促进经济增长和农村经济的繁荣。此外，政府应当加强对经济困难的家庭提供援助，协助有困难的学生入学，将扶贫和教育相结合，以提高国民的整体素质。政府需要高效治理，促进地区经济快速发展，从根源上缓解地区教育问题，与家庭、社会、学校共同致力于保障大学生的健康成长，并关心大学生的全面发展。

（二）纠正社会不良之风

在尊重各地文化和习俗的前提下，积极推进移风易俗工作，纠正地区不良之风。首先，要提高法律宣传与教育。许多社会成员的受教育水平较低，对法律与法规的认识不够深刻。为此，司法机关和公安部门等应该加强法制宣传教育工作，提高人们的法律意识，以维护社会秩序稳定，为高等院校的思想政治课营造良好的社会环境氛围。其次，需要消除社会上存在的"重男轻女"的观念，积极倡导男女平等的理念，为女孩提供平等地接受教育的机会，减少女大学毕业生在就业方面可能受到的不公平待遇。为了防止"新读书无用论"思想的影响，我们需要让人们认识到读书对于个人、社会和国家发展的重要性，以及对于来自边远贫困家庭的大学生而言，读书的重要性。最后，需要重视纠正社会的不良风气。例如，赌博、酗酒、迷信等。此外，还需遏制当前社会存在的不道德行为，以营造一个有利于思政课教学的良好社会环境。

（三）优化网络文化

网络是一把双刃剑，因此，网络文化建设的任务非常紧迫。只有加强网络文化建设，才能为学生提供一个良好的网上学习环境，才能更好地利用互联网对学生进行思想政治教育。首先，要加强网络文化内容建设。网络文化应当保持真实可靠，坚持正确舆论导向，弘扬主流文化价值观，满足人们的精神文化需求。其次，需要加强对网络的监管和规范管理。加强网络监管，对垃圾邮件、色情网站、网络诈骗加强治理和监管，并彻底清理非法网站，以保证网络环境的合法和规范。最后，学校要建立校园网，为师生提供综合信息服务和教学平台，并对网络信息进行审核，以防止非法信息的传播。同时，学校还要创建多重保护的网络安全架构。除此之外，我们应该积极利用学校的官方网络平台，为大学生提供学习思想政治和法律的机会。我们可以利用多种网络平台，例如，学校官网、微信公众号、抖音和微博，在其中宣传与思政课直接有关的活动信息，同时拍摄有启发性的视频供学生学习。

三、构建良好的家庭教育环境

（一）发挥家庭成员的积极影响

在现代教育中，越来越多的人开始认识到家庭教育对于孩子道德教育的重要性。父母或其他成年人对孩子所进行的教育过程称为家庭教育。家庭教育可以使人受益终身。《三字经》有言："养不教，父之过；教不严，师之惰。"这句话突出了教育中父母和教师的不可或缺性，家长在孩子道德教育方面有着非常重要的作用。如父母在进行道德教育时，应该采用多种策略，如理性启发教育、榜样示范教育以及宽严结合的教育方式。不过，榜样示范教育是最为有效和直接的方式。通过展示正确的行为模范，家长可以引导孩子自发地按照这些准则来规范自己的行为。

孩子在家庭中接受的教育是最初的启蒙，父母是孩子的第一任老师。家长在新时代应该成为孩子的榜样，要恰当地运用正确的思想、方法和行动教育和引导孩子。要以小见大引导孩子欣赏真善美，远离假丑恶。在教育孩子时，家长应该认识到动态教育的重要性，也就是在关键时刻注意及时引导和指导孩子。受到父母行为的榜样影响，孩子的道德发展会更深刻和持久。虽然一些大学生的父母没有接受过高等教育，但他们仍然可以指导孩子培养正确的思想和行为规范，将传统道德准则如真诚、友善、守纪律、有礼貌、宽容、互助、尊老爱幼、注重卫生等灌输给孩子，以帮助他们塑造良好的品格和行为习惯。

要在家庭教育方面促进高校学生坚定信仰共产主义。在应对日常问题时，家长必须做到：一是以身作则，遵守法律法规，符合道德标准要求，以成为大学生的榜样；二是思想积极向上。家庭的发展方向受到家长思维方式的影响。因此，家长应该牢固树立起共产主义的信心，为高校学生传递正能量；三是要重视与孩子的沟通交流。现代社会节奏快，工作压力大，很多父母往往没有足够的时间和精力与子女进行交流沟通，而青春期的大学生也不太愿意与父母交心，这就导致学生的思想问题容易被忽视。为了更好地与孩子建立联系并有效地教育引导，家长需要尝试不同的沟通方式。

要提高家庭思想道德教育的水平，我们需要在传承中华优秀传统文化的基础上传承优秀和经典的家庭教育文化，营造尊重和注重优秀文化的氛围，并且要重视对优秀家庭教育知识的传播。优秀的家风有助于遏制社会不良风气，并推动社会向更好的方向迈进。相关机构可以利用传统节日，如春节、清明、端午、中秋等为载体，围绕社会主义核心价值观展开活动。此外，我们还可以借助国家的教育场所，向整个社会推广教育活动，将理论知识变为具体的实践活动，完善社会育人结构，支持和保障家庭和学校的育人工作。

（二）增强教育意识

一些家长需要转变观念，既要打破"读书无用"的观点，特别是"女孩读书无用"的观点，更要深刻意识到学校教育对于子女未来发展的巨大影响，尤其是对于农村孩子而言，接受教育可能是改变他们命运的重要途径。扎根教育事业的时代楷模张桂梅，坚信只有通过读书，贫穷的孩子才能走出大山，走向更广阔的世界。为了实现这个信念，她一直致力于教育事业，并创办了免费女子高中，帮助丽江贫困山区的女孩子接受教育。张老师深信，"一名女孩接受教育，可以影响三代人"，因此她坚定地推动着教育的发展和普及。在一个家庭中，当父母拥有一定的知识和广阔的视野时，他们便有机会把这些知识和见解传授给孩子，从长远来看，这对孩子的成长将会终身受益。因此，有必要增强大学生家长对学生教育的认识，树立"文化摆脱贫困"的观念。

（三）积极配合学校

学校和家庭都肩负着重要的教育使命，需要制定一致的标准和行动方案，也需要在观念上保持一致，密切合作，探讨协作的教育方法和策略，不断地交流沟通，共同推动学生的全面发展。一些家长将孩子的教育责任转嫁给学校，将孩子送到学校后就不再关注孩子的学习情况。家庭和学校是孩子接受教育的主阵地。要加强学校和家庭之间的交流和互动，以引导学生形成正确的世界观、人生观、价值观，这对孩子的成长和发展至关重要。由此可见，学校期望家长与其合作，尤其是积极回应学校的教育引导，以协助孩子充分利用大学阶段的学习机会。

首先，家长应该积极参与高等院校所推行的家庭教育工作，包括但不限于参加课堂活动、关注教材内容以及关注大学生的思想动态。通过个性化分析学生的特点，采用适宜的家庭分布式教育模式，将大学生的整个教育过程贯穿起来。在这方面，教师可以通过与学生家长交流一些著名的家庭教育及家族文化的经典故事，从思想意识的角度对大学生家长进行启发和提升。这借助了大学思想教育的作用，达成对大学生的教育目的，使其思想符合社会主义社会的发展。

其次，家长可以以社交网络为载体与学校建立更紧密的联系。网络已经成为首要的交流方式，网络技能的学习也已经成为非常关键的"必修课"。在互联网文化迅速发展的时代，新型媒介层出不穷。一个拥有开阔心态的学生，能够毫不费力地接受新事物。在家庭教养和大学的思想政治课程中，不仅要将良好的家风家训学习常态化，同时，也应该认识到大众传媒在家庭教育和学校教育中所起到的至关重要的作用。家长可以利用强大的社交网络来与高校相关人员进行及时的沟通。高等院校也可以借助校园广播、文化墙和专门的校园网站等多种渠道，开展宣传活动，以达到育人的目的。社会可以从源头做起，加强对文艺作品和节目的审查，以保障各种传媒媒介的报道、电视节目、广播节目等内容客观真实，积极传递正能量。通过网络，我们可以建立校园和社会的典型范式，从而引导良好的风尚。在推动思想政治教育时，需要着重树立典型榜样，充分发挥高等院校的作用。利用网络教育的优势，宣传网络中的典型事例，努力营造学习和争创优秀人物的氛围，为培养人才打造良好基础。

四、国家要加强共产主义信仰塑造

（一）发挥党对共产主义信仰的引领作用

1. 采用合适的理论话语

马克思主义在中国传播与发展已经有百余年的历史。中国共产党经过百年之久的伟大实践，在不断丰富和完善这些理论学说。应根据受众的不同，使用符合他们的思维方式和说话习惯的理论话语。

作为我党的优良作风之一，我党一直坚持走群众路线。在每个历史时期，我党始终坚持以群众为中心，将每一时期发展的符合时代要求的理论，用浅显的语言讲给老百姓听，使他们能够听得懂。新时代高校学生群体更容易接受和理解这种创新的语言体系，通过这些话语的影响，他们会逐渐从内心萌发对共产主义的信仰。

2. 加强对网络环境的监管力度

过去，人们主要通过传统媒介，如报纸、书刊、电视等传递和获取信息。随着互联网时代的来临，信息传递方式发生了翻天覆地的变化，信息瞬息万变，可视化的沟通方式进入我们生活的方方面面，获取信息的渠道越来越多，网络已成为信息交流的主要场所。我们正处于一个信息化的时代，享受着网络带来的独特便利，可以直接获取和感受网络信息的影响。随着互联网的普及，我们的生活变得更加便捷，但也伴随着一些风险和挑战。在当下，高校学生是一个非常重要的网络受众群体，他们具备极强的好奇心和接受新事物的勇气，在网络上扮演着举足轻重的角色。

近年来，微信、微博、抖音等平台迅速崛起，受到青年学生群体的青睐。同时，这些平台的内容监管和信息风险把控能力不尽相同，导致一些不健康的、虚假的信息给学生的身心发展带来不利影响。相关监管部门应及时发现网络中存在的种种不良问题，并做出行动，采取有针对性的措施予以解决。首先，需要制定一定的行业规范，来治理网络信息平台上的种种不良现象。规范中要明确哪些内容是禁止传播的。与此同时，平台也要加强审核力度，确保内容符合国家规范的要求。根据网络运行状况，还可以随时补充新的规范。其次，制定相关法律法规，从法律上加强对网络平台和个人的约束力度。特别是针对某些涉及反国家、反人民的言论，以及危害国家安全的行为，更应该加大管控力度，遏制其影响力。如果有违法行为已经发生，一定要让其承担法律责任，对违法分子和网络平台形成震慑力。最后，利用现代媒体平台，扩大党媒和政府媒体的受众范围，增强它们的影响力，始终确保它们在信息传播中的核心地位和舆论主战场。只要三者共同努力，探索适合中国情况的网络治理模式，才可以进一步为新时代高校学生的共产主义信仰的培育提供良好环境。

3. 营造积极优良的社会氛围

首先，要积极推广社会主义核心价值观。社会主义核心价值观规范了社会行为的道德标准，明确了国家、社会和个人发展的目标和要求。在实际场景中，应结合实践，基于核心价值观来评判特定的社会行为，以此对公众产生制约或激励作用。

其次，需要加强对本土文化的自信心。文化的继承是中华民族血脉延续的重要因素之一。为了增强社会道德共识，我们需要积极组织各种全民文化活动，如"一封家书""诗词大会"等，以此吸引更多民众参与其中。同时，在新媒体领域，我们应该坚持以优秀文化为主线，创造出全民学习文化的良好环境。这样，我们就可以通过弘扬优秀文化来激发人们的道德自觉。

最后，出台相关的法律和法规。为了确保社会的稳定运行，必须同时依靠道德和法律两方面。为了保障人民权益，化解内部矛盾，并最大程度地凝聚社会共识，我们需要在尊重我国实际国情的前提下，积极借鉴其他国家的先进经验，完善我国符合社会发展要求的法律体系。只有通过德治和法治相结合，才能消除社会上不良的风气，矫正公众心态偏差，引导社会各界朝着正确方向前进。这样，我们才能营造一个良好的社会氛围，从而对新时代高校学生的共产主义信仰产生积极的塑造作用。

（二）优化高等院校共产主义信仰教育的方式

1. 从教师入手

提升思想政治教师队伍水平是重中之重：首先，需要加强师资资源的培养。例如，针对正在攻读思想政治类专业并有意成为思想政治理论课教育者的学生，高校应对其高校建立个人成长档案，重点培养和培育优秀生源，以确保将来思想政治理论课教师队伍的素质和能力不断提高。其次，要严格控制师资的招募标准。强调教师的品德修养和稳定的共产主义信念是至关重要的，高校不能仅仅以头衔或科研成果来衡量教师的能力和引进条件，而忽略对个人品德修养的考察。最后，确立一个可持续的制度。高校可以定期举办活动，提升思政课教师的教学水平，如组织思政课演练和研修班等，将教师的学习时长作为年度考核的一个依据纳入日常考评体系，突破传统的以"论文"作唯一标准的考评方式。

2. 探索多路径信仰教育创新

在塑造学生信仰方面，应注重将理论知识与实践内容相结合。理论知识作为实践开展的前提之一，应该传递给学生。同时，通过实践，学生可以从中获得感悟，使思想获得一定程度的升华，最终达到思想和实践的共同发展。将理论和实践融合，有助于帮助高校学生更加坚定自己的信仰，为共产主义事业而努力奋斗。

在高校教育中，既要重视课堂理论课教学，还要探寻全新的教育模式。比如，可以利用当地的红色文化遗址作为平台，定期组织学生开展现场实践教学活动；积极开发第二课堂，以此激发高校学生的实践热情，在实践中获得真正的知识。我们需要不断改进教学方式，将理论和实践教育结合在一起，使学生更直接、生动地接受共产主义信仰，改变传统的教师为完成教学目标而教学，学生为应付考试而学习的状况。

3. 增强学生的组织归属感

学生的组织归属感可以通过加强高校的团体和党组织来提高，尤其是团组织与学生之间的紧密联系可以起到更显著的影响。要提升团员的组织认同和个人身份认同，需要从以下几个方面努力。

一是，提高组织的准入门槛。团组织在吸纳成员时，应该坚持质量优先，而非盲目地追求数量。这一原则可以借鉴党员发展条例，对申请人的思想和动机进行充分考察。对于在入学前已经加入团组织的人群，应该加强教育，并且根据在高等院校的表现进行综合评估。对于不符合条件的人员，应该采取批评教育、诫勉谈话等方式，进一步增强团员的身份认同感。

二是，增添更多丰富多彩的组织活动方式。高等院校的团队活动多种多样，但很多学生参与时缺乏兴趣，因此点名、考核等强制性手段导致团员参与敷衍了事，最终结果不尽如人意。因此，可以邀请学生积极参与活动策划，赋予其充分自主权，让他们自主决定活动的举办方式。通过自主举办活动，学生可以更好地增强参与感、获得感和组织归属感。

三是，优化组织架构。成员的培养需要一个长期的机制来推动，可以借鉴党员的培养方式，建立符合团员特点的培养机制。比如，二级学院团支部可以定期召开团会，让团员听取报告、学习原著、学习会议精神等，从而不断提高团员的素质和水平。只有让团员参与组织的生活，才能更好地加强基层团组织的号召力、凝聚力。高等院校的团组织为每个团员提供了一个精神归宿，具有引领和指导学生思想、实践的重要作用。只有在这样的精神家园中，团员才能找到自己对共产主义信仰的坚定信念。高等院校团组织应当履行新时代党赋予的重要职责，成为促进高等院校师生交流沟通的桥梁。

（三）提升个体共产主义信仰塑造主动性

1. 融入社会主义的一些实践

新时代，高校学生作为共产主义信仰的主体，在对高校学生进行教育的过程中，除了要为学生营造外部的教育环境，最重要的是帮助他们从内心建立起对共产主义的信心。高校学生一方面要接受共产主义信仰的理论教育，一方面也要以实际行动参与到社会主义建设中来，在实践中检验真理，树立社会主义主人翁的意识，将理论转为内在驱动力。作者通过观察高校学生的思想动态，发现很多同学都将能获得更好的工作作为未来的奋斗目标，他们的奋斗动力则是受对美好社会的渴望的驱动，同时也希望自身价值可以在未来工作中得到发挥。

对于高等院校学生来说，参与多种社会实践是直接、有效地参与社会主义建设的重要方式之一。考虑到自身的特点和专业优势，学生们应该合理安排时间，积极投入到各种志愿者活动、政府实习、支农支教、调研考察等实践中。这种方式可以让学生们更全面地了解真实的中国和社会的发展状况，而不仅仅依赖于书本和媒体。通过这样的实践，学生们可以追随内心的引导，逐渐形成科学的职业观念，为未来的职业发展提供参考。大学生通过积极行动践行对马克思主义的信仰，并将其理论与实践有机结合，就会更加深刻地体会信仰的力量，接受精神的熏陶，从而朝着符合社会主义核心价值观的方向迈进。

2. 加强共产主义的理论认知

在高等院校学习期间，学生应该充分利用教学资源，深入理解什么是共产主义信仰，培养积极的学习愿望，提高自身的政治思想觉悟。具体做法有：提高思政课堂听课效率、借助网络进行思政知识学习、参加一些思政类讲座等，以此来提高自己的理论修养。确立信仰的前提是进行自我教育，两者密不可分。只有加强学习思想政治理论，特别是马克思主义的中国化发展，才能从辩证的角度来客观地看待中国历史发展的问题，了解共产主义在中国的本土化和发展演变过程，深刻体会中国特色社会主义事业的伟大意义，增强对共产主义的信仰和信心，最终确立坚定的共产主义信仰。

第五章　大学生思想政治教育创新发展

本章对大学生思想政治教育创新发展进行了分析，主要从大学生思想政治教育的新手段、大学生思想政治教育实践资源创新两方面展开，以期为思想政治教育的创新发展提供参考。

第一节　大学生思想政治教育的新手段

一、网络手段的运用

随着互联网的普及和全球化进程的加速，全球范围内涌现的不同的价值观和世界观产生了更加激烈的交流和碰撞，社会思想更加复杂化、多元化。现如今各种新媒体的涌现，导致文化传播的方式发生改变，如微博、微信公众号和短视频等，在一定程度上冲击着高校学生的思想观念和行为模式。在我国的教育模式下，升学的压力使学校较为关注学生的学习成绩，将考试分数作为评价教育和学生的标准，在这样的环境下，思想政治教育也依然延续着这种模式，导致学生和老师过于追求考试结果，在学习过程中不注重对思想政治教育的真正意义的理解，对社会主义核心价值观概念和内容的理解也不够深刻，学校的文化氛围过于强调以成绩为中心。因此，高校思想政治教育工作者需要转变自己的教育理念，从思想上重视思想政治教育，树立以学生为主体的理念，探索不同的教学模式，开创高校思政教育的新形态和新方法，提升教学质量。

（一）构筑防范措施

1. 制定管理措施

高等院校必须制定管理措施，以整治监督网络乱象。高等院校在充分肯定互联网重要的传媒作用的同时，也必须清醒地看到，互联网是一把"双刃剑"，如果管理和使用不当，很可能成为影响我国政治稳定和社会安定的不利因素。

治理网络乱象，要从源头上规范网络空间秩序。网络不是"法外之地"，针对新型社交平台的兴起，适时制定相关管理"防火墙"势在必行。高等院校在"微舆论""微传播""微交流"中必须筑起一道有实际意义的防火墙，使高校学生不得发布、转载歪曲事实的新闻；保护公民个人隐私；等等。相关部门应该进一步探讨，就校园网络乱象加以整治监督，并制定切合实际的管理措施。

2. 做好网络监督工作

做好监督工作，重在做好线索收集，实现监督零死角。在实际工作中，认真落实信访举报制度，鼓励校园实名举报，严格教师课堂授课责任追究，确保"微传播"整治活动置于师生的监督之下。在党委、团委、学生群体三方合力中建立三级公众平台，设立"微信箱"，通过微信平台接受学生举报，同时要求思想政治教育工作者在对学生入户（寝室）宣传的同时做好线索收集，努力达成"无缝隙、全覆盖"监督体系，切实解决思想领域可能出现的偏差和实际问题，并紧紧围绕"防火墙"活动的总要求，不断探索推进高等院校的政治生态建设。

（二）弘扬主旋律和正能量

网络需要正能量，更需要加强思想建设，以纠正一些学生长期以来被误导、扭曲的价值观，帮助其作出正确的价值判断。在此，高等院校思想政治教育工作者应积极发挥引导作用，熟练运用互联网技术，加强与高校学生的互动，共同筑起网络的蓝天净土。校园网络监管部门更应有效发挥职能，打击网络骗局，为网络的健康发展提供坚强保障。思想政治理论教师对自身言论必须担负起责任，健康网络舆论的守卫者。高校学生也应进一步学会自我判断，不要人云亦云，随波逐流，这既是对自己负责，也是对社会负责。弘扬主旋律，传播正能量，才能不断加强高等院校的宣传思想工作。

（三）线上线下的合力凝聚

1. 确定战略地位，实施专人负责制

高等院校内部机构在组织安排上应将思想领域的安全管理确立战略地位，确定专人负责网络文明传播工作，从各个层面组建网络文明传播志愿者队伍及微信、QQ 群，并确定博主责任人和临时应急预案小组，在紧紧围绕"中国梦"的主题背景下构建文明传播资源库，与不文明行动、网络"负因子"积极作斗争，在"刀光剑影"中"甄别""亮剑""出招"，宣扬主题正能量，树立道德模范，传播文明，引领风尚，有效扩大网络精神文明战场的主动权，扩大主流思想的覆盖面和影响力。

2. 注重文化创建，掀起精神文明创建新高潮

注重用"互联网＋"发动高校学生助推文化创建，不断掀起高校学生精神文明创建活动新高潮。深化网上文明社团（班级、寝室）创建活动。采取集中宣传、系列宣传、专题宣传等方式，在网上全方位展示优秀社团的好经验、好做法，全方位展示网络"微"形象，集中在网上宣传各个社团、班级及寝室文化的最新成果，引导高校学生见贤思齐，以良好学风净化校园风气，以正向班级建设绘就美丽心情。广泛开展具有微型特色的文化创建活动，运用思想政治教育和团委各类平台，引导高校学生恪守社会公德、职业（实习）道德、个人品德，在精神文明创建中以微型能量的积聚取得决定性成果。

（四）建设移动互联网的生态绿地

作为时代的符号，网络的涵养意义体现于和谐的移动互联网的生态绿地。

第一，利用网络社交平台，提高网络文明传播技巧。网络带来了高校学生交往方式的改变，是精神营养"心育心"的主要媒介。利用网络交流已经成为高校学生一种重要的交际方式。网络交流不需要面对面，因此排除了许多影响交际的因素，双方更能敞开心扉交流内心的想法，表达真实的个人看法，无须有任何心理压力。但客观地说，利用网络平台开展文明传播工作是一项新的课题。与网络传播发展的大趋势相比，与意识形态正向交际功能程度相比，高等院校意识形态网络文明传播力度还远远不够，利用博客、微博、论坛等平台有效开展文明传播活动的方法、技巧有待进一步提高。

第二，加强引导，切实提高网络文明传播质量。高校思想政治教育工作中所倡导的"心育心"，实质上就是通过网络平台进行宣传教育，引导高校学生加强彼此间的互动，形成良好的文明氛围，并促进全社会的连接。在网络平台上宣传文明正能量已经逐渐成为一种趋势，推广网络文明，共同实现网络环境的和谐，必将给人们的精神及生活带来更多好处，这需要高校作为意识形态主体，担负起责任，完成这一使命。在网络文明的管理和参与中，我们需要扮演引导员的角色，在网络文明传播过程中，充分考虑网络的特点，有针对性地加强指引，确保网络文明得以有效传播。在"心育心"网络平台参与的过程中，要使各种言论和活动都在规范之列，同时需要切实提高高等院校网络文明传播的质量，如对校园广播等传播平台的纵向宣传，这既是改进和创新精神文明建设工作的迫切要求，也是创建思想领域"心育心"工作的必要指向。

（五）新媒体融入教育路径

2021年5月，中共中央办公厅印发的《关于在全社会开展党史、新中国史、改革开放史、社会主义发展史宣传教育的通知》中强调，要组织好青年学生的"四史"学习教育活动，用好网络平台，发挥融媒体优势。高等院校是社会主义事业后继者的重要培养地，为了全面推进高等教育思想政治工作的发展，必须将思想政治教育纳入高等教育的重要内容和任务。通过加强高等院校的思想政治教育，能够帮助学生树立正确的历史观和政治观，深刻领悟社会主义道路、制度和理论的优越性与创新性。同时，通过思想政治学习，能够使学生在理性思考的同时，增强自身的信仰和道德修养，并落实到实际行动中，成为有能力为中华民族伟大复兴做出贡献的新时代爱国主义青年。2021年2月，CNNIC发布的第47次《中国互联网络发展状况统计报告》显示，截至2020年12月，我国网民规模达9.89亿，互联网普及率达70.4%，当代高校学生作为网络的"原住民"，受到网络的深刻影响，包括其价值理念和行为方式等方面。同时，新媒体作为网络教育平台，具有传播速度快、传播范围广的特点，在思想引领、舆论导向、新闻宣传方面具有十分重要的优势。所以，高等院校应充分意识到这一点，研究如何利用新媒体开展思想政治教育工作。现有研究成果主要探讨了新媒体在高等院校思想政治教育中的内涵、关系和载体等方面，对高校思想政治教育工作所产生的作用，以及所产生的主要影响。关于思想政治的研究成果，主要探讨了以下方面：首先是思想政治与习近平新时代中国特色社会主义思想的协同性，其次是如何将思想政治教育融入高等院校理论课教学，包括逻辑、时代价值、难点、问题、方法与路径，以及思想政治所涵盖的核心思想。高等院校需要不断思考和探索，以利用新媒体提升思想政治教育的传播力、引导力、影响力和公信力，从而推动思想政治教育实现高质量、内涵式的发展。

1. 新媒体融入的问题

在信息化时代，高等院校应充分利用新媒体加强思想政治教育的作用，从而实现育人效果的显著提升。然而，要让新媒体真正贯穿于高等院校思想政治教育的全过程，还需要解决以下问题。

（1）主体意识欠缺，专业能力不强

首先，大多数高等院校新媒体运营团队成员属于技术型人才，他们虽然熟练掌握新媒体平台的运营管理技巧，却缺乏充分的思想政治意识。思想政治教育的从业人员主要为党政官员、思政课教师、辅导员和班主任，他们具备良好的政治素养和思想觉悟，但对于新媒体运用的意识尚待提高。其次，高等院校新媒体运营团队的思想政治教育能力有待提高，同时高等院校思想政治教育工作团队在运用新媒体方面也存在不足，两者之间缺乏有效的协作和互补。最后，大学生的思想政治教育自觉性不够，缺乏学习的主动性和积极性。由于辅导员的专业范围广泛，缺乏相关专题培训，因此他们在思想政治教育和新媒体使用方面的能力参差不齐。目前，辅导员在"大思政"方面的全员育人格局还未形成。

（2）信息良莠不齐，内容形式单一

在信息时代，新媒体呈现出互动性强、个性化、实时性、共享性、信息量大以及社交性强的特点。第一，在内容的呈现上，新媒体的"去中心化"特点，使思想政治教育的内容有更多来源，但同时也要面临互联网信息质量良莠不齐、内容错综复杂的问题。甚至有些平台过分注重流量，为吸引人眼球而发布虚假消息。第二，目前，高校在思想政治宣传教育方面，基本上以"图片＋文字"为主，在校园官网、微信公众号或官方微博进行展示，缺乏趣味性，无法吸引学生的注意力。教育者只是单方面地传递知识，掌握话语权的是教师，学生参与和互动的机会很少，使得宣传效果不佳。

（3）教育环境欠佳，机制体制不健全

第一，在高等院校中，新媒体和思想政治教育的融合还未建立起完善的制度框架。高等院校缺乏统一并具体的指导文件来阐述如何运用新媒体进行思想政治教育。虽然中央发布了相关政策文件，但该政策无法满足不同高校的具体情况，缺乏对相关细节的指导，致使政策落实不完全。

第二，高等院校中，新媒体融入思政课教育的组织环境协同性不足。高校内部，新媒体主管部门和思想政治教育主管部门是两个不同的机构，它们之间的协作还不够紧密，缺乏深度合作和统一管理，这就造成了思想政治教育形式新颖，但是内容陈旧的尴尬局面。

第三，高校思想政治教育的文化环境需要更好地融入新媒体的影响。虽然新媒体已被广泛运用于高等院校教学中，但很多年龄较长的教师仍未掌握新媒体教学技能，而年轻教师在思想政治方面的知识储备和政治素养还需加强。此外，学生们使用新媒体往往更愿意浏览各种娱乐新闻、观看影视剧等，对于思想政治学习缺乏足够的意识，并且缺乏历史思维能力。

第四，高等院校思想政治教育需要改善技术环境，以适应新媒体的融入。高等院校的信息化水平在各地区之间存在较大差异，这一差距与各高校的经济实力密切相关。在中西部地区的许多高校都面临着资金和技术不足的情况，造成新媒体技术发展滞后、留不住技术人才的情况。除此之外，一些高等院校的新媒体平台之间相互隔离、不兼容、集成程度低，这会导致重复建设和资源浪费，在新媒体生态系统方面无法达到理想效果。因此，"四史"教育也难以达到理想的效果。

2. 新媒体融入的可行性

随着新媒体的发展，高校中思想政治教育的内容、目标、理念和宣传方式等都有了深刻的改变，且这种改变是可行的。利用新媒体加强思想政治教育，符合新时代推动思政教育改革创新的要求。

（1）主体可行性

将新媒体融入思想政治教育，一方面要组建一支高校新媒体运营队伍，另一方面要建设好负责开展思想政治教育工作的团队。前一支队伍指的是负责运营管理"两微一端一抖"（微博、微信、手机客户端和抖音）平台的个人或团体，如学校、院系、班级、社团等组织机构；后一支队伍指的是党政学团部门及领导干部、思想政治理论课教师、辅导员和班主任等。

高等院校新媒体运营队伍和思政教育队伍的工作目标是一致的，都是以培养德才出众、政治立场正确的新时代社会主义接班人为目标，具有一定的政治属性。因此，两者之间的教育内容也应该是高度一致的，新媒体将党的最新政策、理论及方针作为重点内容宣传，主要目标是牢牢筑起高校思想政治教育的一方阵地。而思政教育队伍的工作重点之一是贯彻落实党中央有关精神，保持思想政治教育的时代性。

（2）资源可行性

在高等院校思想政治教育领域，新媒体的融入可行性可从平台资源和教育资源两方面来考虑。所指的平台资源，即以互联网、手机以及数字电视等现代传播媒介为平台的高校新媒体资源。教育资源包括与高等院校思想政治教育相关的文字、图像、音频、视频等。

高等院校现已采用网络、手机和数字电视等媒体作为传播平台，而传统媒体如报纸和杂志仍然扮演着重要的角色，两者相互补充，相得益彰。通过使用新媒体平台，高等院校已经构建了一个传播生态矩阵，其中包括门户网站、官方微信公众号、微博、抖音、今日校园和易班等平台，通过这些平台，思想政治教育的途径变得更广泛。高校思想政治教育资源有两种形式，一种是实物资源，一种是网络数字化资源。前一种形式可通过媒体技术转化为网络数字化资源。此外，思想政治领域拥有丰富多样、分布范围广、包罗万象的资源，如高等院校的校史馆、革命先烈纪念馆、博物馆等地方的馆藏资料以及与思想政治相关的影视剧、舞台剧、著作等文化资源。

（3）环境可行性

新媒体对高等院校思想政治教育的可行性是指在高等院校思想政治教育过程中，考虑到制度、组织、文化和技术等因素对新媒体产生的影响，以评估其适用性的整体环境。制度环境是指所有形式的规范性规定和非正式规定，旨在促进运用新媒体进行与思想政治教育相关的活动。新媒体在思想政治教育方面的生产、加工、传播、应用和监控，需要由各级组织机构来营造和保障的一种环境，称为组织环境。文化环境包括了人们对于借助新媒体进行思想政治教育的看法、态度和习惯等方面的综合表现。技术环境包括运用新媒体技术来获取、处理、存储、传输和利用与思想政治教育相关的各种信息，这些信息可以是文字、图片、声音、影像等。

首先，高等院校思想政治教育的制度环境正逐步适应新媒体的融合。一些政策文件已经发布，如《关于加快构建高校思想政治工作体系的意见》强调需要"强化网络教育"。《高校思想政治工作质量提升工程实施纲要》中还提到，需要积极建设网络化教育体系，提高教育质量。其次，高等院校思想政治教育开始逐步将新媒体纳入组织环境中。高等院校已初步建立由党委宣传部、新媒体中心以及易班工作室等组成的新媒体管理机构，同时学校的"两微一端一抖"运营团队也已初步形成。高等院校思想政治教育组织架构则由各级党委、团委、马克思主义学院及职工构成，并已经成熟。高等院校的思想政治教育文化环境正在逐渐接受和融入新媒体的影响。各大高校在积极开展经典诵读、知识竞答、主题征文和专题推送等形式多样的活动，集中探讨思想政治教育的主题，在全国高校中掀起了一股学习思想政治的热潮。最后，高等院校思想政治教育中融入新媒体的技术环境正在逐渐完善。高等院校的各个部门利用自主研发和外包等方式，将大数据、云计算和移动互联网等信息技术融合到了他们的新媒体平台中，包括门户网站、微信公众号、官方微博、抖音公众号、今日校园和易班等。

3. 新媒体融入的实现路径

2016年，习近平总书记在全国高校思想政治工作会议上提出，"要运用新媒体新技术使工作活起来，推动思想政治工作传统优势同信息技术高度融合①"。高等院校可以采取以下措施，利用新媒体促进高等院校思想政治教育质量的提高。

（1）培育思想政治教育队伍，促进主体协同

首先，随着多媒体的发展，高校思想政治教育工作队伍要改变育人理念。高等院校应该引领教育理念向"以新媒体育时代新人"转变，思想政治工作人员应该提高媒介素养水平，同时，也要加强对新媒体运营团队的思想政治的培训力度。其次，高等院校要推进新媒体运营团队和思想政治教育团队之间的深度合作，有必要成立协同工作小组，就思政教育和新媒体技术推广两方面组织培训课程，提高团队成员的思想政治素养和新媒体应用能力，通过这样的方式来解决思政队伍不擅长运用新技术与新媒体团队思政觉悟不高的矛盾。此外，高等教育机构应以

① 习近平在全国高校思想政治工作会议上的讲话 [N]. 人民日报，2016-12-09（01）.

思想政治为核心，深度挖掘其中的思想政治元素，并融合新媒体技术，以打破目前思想政治内容与新媒体应用缺乏创新的状况。高等院校应该举行培训课程以提高辅导员对新媒体的素养，并鼓励他们在新媒体教育中积极实践应用。高等院校应当积极发挥新媒体学生团队的榜样作用和意见领袖地位，以激励学生主动探究思想政治知识的热情。最后，高等院校需要建立一种思想政治教育的主体协同体系，让党委领导、党（团）组织、宣传部门以及学生会、学生社团等群体共同参与并发挥作用。

（2）丰富思想政治教育内容，创新传播途径

第一，高等院校应通过整合思政教育资源与新媒体资源，以促进育人工作的有效开展。具体而言，在思想政治教育中，应坚持马克思主义新闻观，注重内容质量，审查严谨，贯彻习近平新时代中国特色社会主义思想，通过加强对学生思想价值观念的引导，进一步加强社会主义核心价值观、网络道德观、媒介文化观等的教育。同时，我们可以通过新媒体手段，运用多样化的方式呈现重大事件、重要会议、重要文件、重要人物等内容。

第二，高等院校应该充分利用学生常用的新媒体平台，构建全面、多元的思想政治传播网络。高等院校应当考虑适应碎片化阅读的需求，采用短视频等学生乐于接受的形式，推广思政理念。建设良好的师生沟通渠道，实现双向互动式的教学模式。主动把握网络舆论和话语权，占据思想政治教育阵地的制高点。

（3）优化思想政治教育环境，构建生态体系

第一，我们需要在高等院校推动思想政治教育环境的优化和生态体系的构建，其中包括制定新媒体平台运营管理政策和加强高等院校思想政治教育的管理措施。在新媒体环境下，政策管理涉及信息发布、传播和监管等多方面。因此，国家有关部门需要制定针对思想政治教育规范的法律法规，并发布指导性纲要，以便为高校的思想政治教育提供政策方向。

第二，高等院校应当成立新媒体和思想政治教育的联动机构或委员会，并由校领导主持，这将促进跨组织人员挂职交流和学习，打破部门之间的"独立岛屿"状态。形成新媒体与思想政治教育扁平化的中心，进一步增强院系、社团等新媒体中心之间的合作与交流，促进良性互动和组织生态的形成。高等院校必须不断提升思想政治教育的传播力度，在新媒体平台上采用有趣的方式，向师生展示与

思想政治相关的知识，通过这种方法，激励学生积极学习思想政治知识。此外，还可探索各种方法，加强教师的信息化教学意识，如举办信息化教学技术比赛，开设网络素养培训课程等。高等院校应该建立新型媒体平台，集成大数据、云计算、物联网和区块链等技术，研发思想政治教育管理信息系统。同时，利用微博、微信公众号、易班、"中国高等院校学生在线"等新兴媒体平台，打造全面、多维度的思想政治教育传播生态模式，最终形成高等院校思想政治新媒体生态系统，建立以制度为导向、组织为支持、文化为动力、技术为保障的全方位体系。

在现代信息化时代，新媒体已广泛应用于各个行业领域之中。其中，教育领域也开始全面采用新媒体技术，以推动教学方式的变革。在高等院校把思想政治教育视为重要教育内容的背景下，以新媒体为手段，大大提升了思政教育的效能，帮助学生通过学史鉴今，增强历史虚无主义的辨析能力，并使其成为有远见的中国特色社会主义建设者和接班人。

二、重视实践活动创新

近几年来，思想政治教育工作者开始强调实践教学的重要性，它作为一种新型教学方式，是时代发展的要求，也是培养创新创造型人才的重要途径。所以，一线的思政教师需要积极探索将什么样的教学实践活动运用到思政课堂，才能起到更好的效果。在这里，我们以"辩论"活动的开展作为例子，说明教学活动对学生思想政治教育所起到的作用，并提出开展该活动的关键点。

（一）实践活动开展的意义

实践活动是课堂教学的延伸，是落实立德树人的重要途径，实践活动的开展可以锻炼学生的思维、升华学生的精神、强化价值的引领作用。也就是说，实践教学能够增强学生的思维能力，并使其形成正确的价值观，提高自身修养，成为一名从思维、情感、道德等各方面都较为优秀的青年，完成学科核心素养的任务，实现我国"立德树人"的教育目标。虽然这些对策还有不足和不成熟之处，但如果我们能够采取行动，将其合理地融入实际教学中，思想政治实践活动将会发挥更好的作用，提高大学生的综合素养，为我国高等院校思想政治教育工作做出重要贡献。

1. 培养学生的思维能力

实践活动对于学生的思维发展是十分有利的，比如"辩论会"活动的开展，对于学生辩证思维能力的发展具有非常重要的意义。辩证思维是指在思维过程中，能够意识到客观现实中存在着辩证的关系，并以辩证法为指导，进行思考。举办"辩论会"这一实践活动，不仅可以帮助学生树立正确的价值观和道德观，同时还有助于提高他们的辩证思维能力。显而易见，辩证思维是一种高级思维能力，对于培养高校学生的科学精神至关重要，但实现起来也面临一定的挑战。学生若掌握了这种思维能力，就能够对不同的观点进行理性、辩证的分析，将从感性上获得的具体认识提升到更高层次的理性认识。通过参加"辩论会"活动，我们可以深刻认识到辩证思维在高校思政课上的重要性和价值，并且能够充分展现其精妙和卓越之处。首先，老师用精心设计的辩论问题，激发学生思考和探讨的热情，有助于培养他们的辩证思维能力。其次，对于两种或几种不同的价值观，学生需要用辩证的观点理性对待。教师可以帮助和引导他们进行理性思考，从而逐渐养成全面、辩证思考问题的习惯，在反复练习的过程中，使辩证思维成为常态。最后，高等教育院校的思想政治"辩论会"活动强调教师的思维引导和思想引领，使学生在老师的指导下进行客观分析和评估，从反思中摆脱非理性的观念，建立正确的世界观、人生观和价值观，在立德树人的培养目标中落实辩证思考后得到的成果。

2. 切实强化价值引领

习近平总书记在全国教育大会上强调，我们要培养具备全面素质、有益于社会主义建设和接力国家发展的人才。要探讨"培养什么人、怎样培养人、为谁培养人[①]"这一核心问题，需要重点强调价值引导的作用。思想政治课正是这样一门将德育和价值引领相结合的课程。

随着信息化时代的到来，年轻学子可以从各种渠道获取丰富多样的信息，但也需要承受来自社会各阶层思想的不同影响。毫无疑问，大学期间是大学生价值观形成的重要关口。因此，强调高校思想政治课教学中价值观引导的必要性刻不容缓。高等院校的思想政治课采用了一种叫作"辩论会"的教学活动形式，让持有不同观点的同学进行辩驳讨论，在辩论过程中培养学生的理性思维能力，提高

---

① 办好人民满意的教育 [N]. 人民日报，2018–09–12(001).

他们明辨是非的能力，帮助他们找到正确的价值取向，作出正确的价值判断，从而树立更健康的、积极向上的世界观、人生观和价值观。

3. 培育思想政治学科核心素养

实现思想政治学科的育人价值需要贯彻立德树人的根本任务。思想政治学科的核心素养集中体现在其育人价值上，包括政治认同、科学精神、法治意识和公共参与。

第一，教师在高等院校思想政治实践教学中是学生成长道路上的引导者，需要为每个学生的学科核心素养提供全方位的培养和发展。为此，教师需要为学生提供更多的自由，并引导他们走向更加开放和灵活的学习之路。通过"辩论会"的形式，设置一些适合辩论的问题，或者利用复杂真实的事件来调动学生的思维，鼓励他们从多个角度深入思考，在对话和辩论的过程中，使学生经过反复的思考、辨析、比较，提升思维能力，实现自我创造。在这种宽松、民主的氛围中，每个学生都可以获得思想上解放，真正提升学习思想政治的兴趣，做积极的思考者。

第二，学生通过学习活动情境性资料，激发情感上的共鸣，从而对中国特色社会主义道路产生感性认识和坚定的信仰，并在此过程中逐渐形成具备政治认同素养的意识。例如，通过"辩论会"，同学们在辩论过程中使用马克思主义的基本理论来分析和解决具体的问题，找到正确的解决路径和价值取向，同时在这个过程中，提高自我思维能力，获得科学精神素养；"辩论会"设有小组合作和讨论的环节，这个环节中，学生履行好各自的职能，在潜移默化中培养了集体主义精神，在和同伴的对话中，提高了自身的沟通能力、合作能力和表达能力。通过情境训练，学生也可深入体验生活，有助于学生树立社会责任感，提高学生的公共参与和素养。

（二）大学生思想政治课中的实施过程

下面以"辩论会"活动为例，来谈一谈实践活动开展的过程。

1. 实施进程安排

（1）前期准备阶段

教育目标分类理论认为，人的认知领域从低到高，分为记忆、理解、应用、分析、评价和创造六个级别。

在辩论前的准备阶段，学生需要对要辩论的题目和内容有个大概了解。首先，可以引导学生对题目发表自己的见解，再利用比较和回忆等方法，使认知从"记忆"上升到"理解"的层次；其次，在课上设置一些话题，这些话题可以结合当下热点思政时事，交于学生组成小组进行讨论，使学生学会分析事件与情境中的对错，形成自己的观点，从而实现最高层次的教育目标——"应用""分析"和"评价"。

（2）重点研究阶段

这个阶段的重点在于研究如何具体操作辩论式教学的方式和方法。在前期准备阶段的基础上，提高学生的辩证思维能力、独立思考能力以及自我表达能力，同时学习如何和小组成员进行讨论，以便在正式的辩论环节中应对复杂情境时，可以顺利进入到"创造"阶段。在辩论结束之后，及时向学生发放问卷，或者进行学生访谈，通过分析收集到的数据，我们可以评估辩论式教学手段的优势、问题和出现的原因，并探索解决问题的方法。这些数据和经验可以为将来更好地实施辩论式教学手段提供客观依据。

2. 具体操作环节

辩论式手段在思想政治课程中运用较少，但作者认为该手段在课堂教学中的意义重大。为此，作者查阅了很多相关资料，结合理论依据和不同学者对于辩论式教学的实践研究结果，同时结合思想政治教育课的教学目标、特点和实际教学情境，构建了一整套辩论式教学流程，以供未来教学实践使用。

（1）创设冲突情境

在思想政治教学中，创造冲突情境是一种常用的辩论式教学方法。其目的是通过外部刺激来揭示学生认知结构内部的观念矛盾，让学生认识到不同观点之间的差异，并通过深入的分析和思考，让学生的内部观念逐渐向更优秀的方向倾斜。换句话说，要让学生真实地处于两难的情境中，这样才能激发他们思考和分析，才能帮助他们作出正确的价值选择。为了达到这个目的，我们需要让学生主动参与到这种情境中去，这就需要通过设定冲突情境来实现。其次，我们在选择问题时，首先考虑是否与情景相关，并关注该问题是否有适宜的辩论价值和价值冲突，并且该问题还应该处于学生的"最近发展区"，以此来引发学生深入思考，并提高他们的辩证思维能力。因此，要通过情景来展示合适的问题，而问题的提出可以分类为以下几种类型。

一方面，根据辩论结果的唯一性与否，可以将辩论分为问题求解型和分析论证型。问题求解型指的是可以得出明确的答案，从而解决困扰人们的问题。例如，"粉笔必定会被白板笔所取代吗？"分析论证型指的是通过探讨不同的观点以推导出积极的结论，以此进行辩论。教师在分析论证型教学中，为了鼓励学生的多元化思维，可引导他们从不同的角度和层面来分析问题，以培养学生将理论与实践相结合的能力，通过提出开放性问题，启发学生的批判性思维能力。

另一方面，辩论的目的也可以基于不同的侧重点进行分类，包括知识澄清型和价值澄清型。知识澄清型是指通过辩论，帮助学生弄清楚容易混淆或不清晰的知识点。辩论能够帮助学生了解并区分这些知识点之间的联系和区别，以及找出造成混淆的原因。例如，准确区分传统文化和现代文化、民族文化和外来文化等常常易混淆的概念。价值澄清型讨论的是当面临两种相互冲突又均具有价值的情况时，如何明确并坚持正确的价值观，并在此基础上作出正确的行为选择。例如，就"中华文化是否仅应坚持民族特色才能在全球范围产生更为深远的影响"的问题进行探讨。对文化创新而言，学生可以从对传统文化的继承和对外来文化的借鉴这两种观点中，分成几个小组，表达他们的立场。

（2）组织自主讨论

当教师提出情境和问题后，教师和学生分别扮演组织引导者和讨论者的角色。在这个阶段，必须有效控制导向和开放的关系，既要寻求共同点，又要尊重不同之处。

教师应该鼓励学生从自己的经验和素材出发，从多个视角表达自己的观点，并尊重学生们发出不同的意见和声音。同时，教师也不能抛弃基本的立场和共同的标准，帮助学生作出正确的价值判断和选择。

教师需要恰当地引导学生，不但要追求一致还要接纳差异。采用辩论式教学时，教师的引导作用体现在价值的引导和方法的引导两方面。第一，价值的引导。高等院校的思想政治教育旨在积极引导学生认同社会主义核心价值观等，并促使其在实践中加以践行。当学生表达观点偏离了教师预设的价值观时，如果教师不及时引导，学生可能无法发现自己观点中的错误。如果教师让这些想法在学生的心中扎根生长，就会丧失育人的效果。教师应当掌握社会主义核心价值观，并站在马克思主义的基本立场，教会学生辨别善恶美丑。第二，方法的引导。学生在进行独立思考和讨论前，教师需要首先为其提供一定的指导思想。比如，介绍一些基本的概念和理论知识，为其提供支持；制定出讨论规则，明确讨论的时间与形式，并进行分组，选出每组的组长、监督员和记录员。第三，引导的限度。教师应该在教学中制定有计划的引导方式，而非仅在学生有需求时提供指导，因为这种方式会让学生过度依赖教师，无法独立思考，也无法激发出他们独立探索的精神。

学生在自主讨论的过程中，教师的引导应该是有序的、开放的。辩论式教学中，学生讨论的开放性表现为：教材内容中的知识点众多，学生不一定非要掌握所有知识点的内涵，假如仅仅靠机械记忆，就会打击学习的积极性，同时也不利于培养学生自主解决问题的能力。所以，开放性讨论式教学更能激发学生创造性地探寻解决问题的答案。进行开放性讨论时需要谨记以下三点：首先，要控制好时间，避免讨论时间过长导致话题偏离；其次，需要关注小组成员的管理，努力确保每个成员参与讨论，每个小组在4人左右的情况下效果最佳；最后，主持人需要掌控话题。当出现偏离话题或言语冗长的情况时，主持人需要及时引导讨论回归正题。

（3）对话异质同伴

中国著名教育家叶澜教授曾经强调，交流和对话是教学的核心价值。教学方法中的辩论式教学强调制造矛盾冲突的学习环境。这种方法既可在教学范例中使用，也可在课堂上应用，因为不同的观点之间碰撞，可以激发学生的思维，促进理性认识的形成，重点在于寻求共同点而不是分歧。在合作学习中，"异质"同伴指的是知识基础不同、性格特点不同、兴趣爱好各异的人组合在一起，通过互相协作、互相帮助，进行知识和技能的交流学习，从而拓宽彼此的思路，共同探寻解决问题的方法。在"辩论式"教学中，"异质"同伴的策略，是为了加强小组内部成员之间的交流和观点碰撞，在持有不同观点的同伴身上寻找不同的思维和观点。在这种碰撞中，激发了学生的创造性思维，加深了他们对问题的理解。所以，同"异质"同伴交流的目的是，学生形成自己独特的观点后，再与持有不同观点的人进行交流、辩论。这个过程中，双方会相互质疑和提出新的论据以巩固自己的观点，并进行反思和修正，使最初混乱的争论逐渐明晰。这有助于真理逐渐浮出水面，同时也使参与者和观察者更深入、全面地理解问题。

一场成功的对话需要明确过程和结论的关系。首先，应该给学生足够的时间和空间，让他们独立思考和相互交流，并鼓励他们用正确的价值观念表达自己的观点，得出积极的结论。其次，要引导持有不同观点的学生，分析差异形成的原因，对问题进行深入剖析，最后达成一致。所以，在对话过程中，必须认真聆听对方观点，尊重对方意见。对话的实质是一种基于各方独立见解的平等的沟通与分享，学生之间的对话应建立在彼此信任、尊重、求同存异、共同进步的基础上，要认真聆听对方意见，寻找对方观点中具有的创新性，切记不要中途打断对方的阐述，要抱着学习的态度从对方观点中汲取知识，同时也能够提出自己对对方观点的质疑。因此，教师需要培养学生良好的沟通能力，使其能够有效地聆听他人发言，并在适当的时机表达自己的观点；教育学生不受情绪的影响，保持冷静客观。另外，当课堂秩序被打乱时，教师应立即使用语言提示或身体语言暗示，以营造公正、民主、有序的辩论环境，确保学生能够在热烈的氛围中充分交流。

（4）作出理性判断

学生可以通过对话环节中所呈现的观点及其理由的比较和思考，推断出哪些观点更合理，哪些可以达成共识，最终作出理性的判断。在做总结讨论的时候，应认真反思自己观点的不足之处，并及时作出修正，以便指导做出正确行为。如果在辩论结束后，不能及时对冲突情境、不同的观念、头脑风暴和价值观进行整理，将其一次性灌输给学生，可能会导致他们难以完全吸收这些信息。那么，即便讨论得再热烈，都无法达成真正的教育目标，无法帮助学生将学科的内涵进行内化和升华。所以，在辩论式教学中，总结和梳理环节是至关重要、必不可少的。

在应用辩论式教学手段时，需要遵守两个原则：系统性原则和反思性原则。系统性原则要求对整个辩论过程进行有序、完整的记录和梳理；反思性原则则要求深入剖析辩论过程中的不足和改进。系统性原则是通过结合辩论活动的过程，对教学内容进行由点到面、由局部到整体的回顾，注重学科知识的体系性和连贯性，让学生获得全面而非孤立的知识，并使所学知识更加深刻丰富。而反思性原则指教师在课堂上通过总结和延伸课内外的知识与材料，帮助学生认识自己的成长历程，做到情理合一，知行统一。

（5）多元评价效果

不同于传统的以学科知识为中心的评价方法，"辩论式"活动评价方式看重的是学生在复杂的情景中解决问题的能力，主要通过学生对外显现出来的思维方式和行为，教师据此给出客观、科学和发展性的评价。也就是说，根据学科任务从涉及的方方面面的知识、思维、能力作出多方面评价，对学生的表现作出多元评估，以达到提高教学效果的目的。高等院校思想政治课辩论式教学的课堂评价目标是以评价来推动学生学习和成长。因此，教师评估学生时必须具备客观性、指导性以及促进学生发展的特点。评价应具有客观性，过于吹捧会导致学生过度自信，难以真正提升。评价应该具有指导性，不应在最初就得出结论。随着学生在每个阶段的行为表现和态度的变化，评价也应该相应地进行变化，并在不断的反馈中向上提升。

（三）实践活动教学改进策略

1. 教师方面的改进

（1）更新理念

教师需要不断更新思想，将辩论式教学方法创造性地融入课堂中。掌握先进的、科学的教育教学理念作为有效指导原则，以在专业工作中作出理智的决策和行动。在学校思想政治理论课教师座谈会上，习近平总书记明确提出了着力推动思想政治理论课改革创新，就要深刻把握"八个统一"，为新时代思想政治理论课的高质量教学指明方向[①]。在这样的指导思想下，思政课教师的教育理念应该紧跟时代潮流，在领会座谈会内涵的同时，贯彻执行理论联系实际的基本原则，将辩论式教学实践融入思政课教学中，让思政课堂充满时代精神。

首先，思想政治课要确保政治引导正确，并且进行深入的学术讨论。如果我们只注重思想政治课的政治性，而不注重其实质内涵，就会使教育变得死板化和刻板化，思想政治课只会传达上级政策，无法从真正意义上说服学生。如果只注重思想政治课的学术性，就会造成"学术中立"，无法形成共同标准作指向，也就不会有坚定的政治信念。所以，根据这一观点，辩论式教学应坚持中国特色社会主义的政治信仰和价值认同，并将其作为辩论活动的主旋律。在教授学科理论知识时，需要对学生的质疑和追问作出明确的回答，用马克思主义基本观点，消除学生的疑虑，获得他们的信服。

其次，思想政治课还应将知识传授和价值观的塑造融合在一起。知识和价值

---

① 颜晓峰，孙兰英，栾淳钰. 办好思政课关键在教师——学习贯彻习近平总书记在学校思政课教师座谈会上重要讲话 [J].天津大学学报（社会科学版），2019，21（03）：193-201.

观之间相辅相成，前者承载了后者的实质。同时，后者也是前者的核心所在。在思想政治课上，若是只注重传授知识，没有价值观的指引，那么教育就无法起到从思想上滋养学生思维的作用；若是仅仅灌输价值观，而忽略了知识的传授，那么思想政治课就失去了载体，变得空洞乏味。为了达到开展辩论式教学的目的，教师需要做的不仅是在学科知识方面完成传授、解答问题的任务，还要注重培养学生的社会主义核心价值观。教师应该以价值引领为中心，构建知识体系，这才是辩论式教学真正的追求。

再次，要坚持思想政治课建设性和批评性相统一，只有打破常规，推陈出新，才能更好地推动事物的发展。要学会辨别错误的思想观念和思潮，明确表态，进行批评；对错误的思想和观念不能视而不见，而是要利用马克思主义原理对其进行纠正，促使其转变错误观念，向着积极健康的方面发展。

最后，坚持理论和实践相结合。以科学理论为引导，通过实践互动作检验。在思想政治课中，若只注重理论而忽略了实践，那么理论将会成为"纸上谈兵"式的空谈，即便是学生拥有高尚的志向，但如果缺乏实践与奋斗，那么这种志向也只是徒有其表，毫无实际意义。若思政课教学的重点偏向于实践而不重视理论，那么学生遇到现实问题的时候，往往只能停留在表面，很难进行深入的探究，也就不能找到正确的前进方向。

（2）明确活动的本质要求

"活动型学科课程"是当前备受关注的话题，许多教师正在以此为重点进行探索和实践。这种课程模式突出了活动性、实践性和创新性，改变了以往死记硬背的应试教育课堂模式。只有正确把握活动型学科课程的要求，并深刻理解，才能在进行创新教学时保持正确的方向。所以，教师需要明确思政教学的本质要求，以此为基础开展辩论式教学，并将其作为活动型学科课程开设的重点内容，这也是提升教师专业素养的基本要求之一。

第一，为了更好地呈现辩论式教学，我们应该在课内和课外两个方面展开。需要将思政小课堂中的思维训练与社会实践相融合，以打破以往活动与学科内容相互独立的局面，使学科知识能够贯穿于实践活动的全过程。为了丰富辩论式教学的活动形式，教师还可以采取课内外相结合的方式，鼓励学生积极参与实地调研、采访或在网络上搜集社会真实材料，并在整理后应用到课堂辩论活动中，作为独立思考、自主辩论和相互讨论的理论支撑。

第二，辩论式教学的活动设计需要包含有组织的学科内容。教师需要在教学过程中将教学内容与辩论活动的设计相结合。教学内容帮助学生解决"辩什么"的问题，而辩论活动的设计则解决学生"如何辩"的问题。为了实现这种融合，教师需要对知识内容进行结构化处理，并提供符合序列化要求的活动设计，这些设计应贯穿于整个教学过程中。学科内容结构化的主要目的是在知识领域内，将各个知识点按照一定的逻辑关系进行相互关联，并且使整个知识点呈现出清晰、有序、系统化的结构。在构建思想政治学科知识结构时，我们不仅需要按照教材逻辑进行纵向组织，打造一个完整的知识网络，还需要通过思想政治课程大、中、小一体化的视角，使各个知识点之间形成紧密的联系。

第三，辩论式教学的评价方式既要关注过程又不能忽视结论。这是由活动型学科课程的开放性决定的。在辩论式教学中，需要对学生不同阶段参与辩论活动的行为和能力作出正确的评估。主要从以下几方面观察：有没有勇于发表观点，学生的口头表达能力如何；和其他学生交流时，是否能够认真聆听并尊重对方的观点，以对该生的交际能力作出评估；在阐述观点时，是否有逻辑性，是否能对辩论主题作深刻地剖析，以此来评估学生的思辨能力；在辩论结束时，是否能反思在辩论中的自我表现，是否能得出正确的价值判断，以此来评估学生的判断和参与能力。最后，对学生的学习过程和成果进行全面客观的评价。

2.注意问题设计策略

高等院校的思想政治课采用辩论式教学时，辩论活动的展开始于辩论问题的选取。这一过程对于激发学生积极参与至关重要，因为辩论问题的选择是思维活跃的起点。同时，辩论问题也是教学中至关重要的一环。因此，在设计辩论式教学活动时，选择和设计辩论问题需要遵循以下四个准则。

（1）辩论问题需具备针对性

辩论问题的针对性即所选择的问题既要同学科理论知识紧密相关，又要贴合思政教育的目标，以及思政课对学生的培养要求，最终达到将学科知识、学科任务和提高学生思政核心素养有机结合的目的。此外，问题也需要考虑到学生实际的认知水平，满足学生"最近发展区"的需求。如果辩论问题的设置没有考虑到和教学内容相联系，没有考虑到思政学科的理论支撑，问题和教学就是脱离的，辩论就会变得毫无意义，沦为为辩论而辩论的泛泛之谈。同时，还应该以学科内容和学科任务为指导，设计辩论题目，以凸显重点、难点，帮助学生运用所学知识和学科思维解决问题。这些问题的难易程度，应以学生认知为标准，学生通过思考、讨论和探究能够获取答案。这些问题还要切合实际，可以是学生经常会面临的难以抉择的问题，或者是反映当前社会发展中涌现的新问题。同时，这些问题也应与学生的生活紧密相关，贴近其生活才能启发他们获得答案。

（2）辩论问题需具备思辨性

思辨性问题要求学生综合运用理性分析和辩证思维，以引发他们的思维活动。第一，对于问题的结论，学生需要摒弃感性经验，依据个人的以往实践经历，并结合个人、社会以及国家之间的关系，综合运用理性思维来进行深入分析。只有这样，才能激发学生的发散性思维，得出准确结论。第二，培养学生辩证思维是紧密关联于"辩论与评价"这一学科任务类型的。要引导学生运用马克思主义的唯物辩证法，评判两种不同的观点，进行深入的对话，逐步推进分析，充分权衡各种利弊因素，从而激发学生深度思考的能力。第三，解决思辨性问题需要团队合作，而非个人独立完成。这意味着学生需要与同伴合作，并相互启发，以最终解决问题。因此，这样的情境可以培养学生在团队中合作、交流和整合的能力。这表明辩论议题需要有探究性质，才能激发学生的思维能力。

（3）辩论问题需具备开放性

辩论问题应该具有开放性，不应局限于教科书中特定的学术难题。相反，我们应该探讨更广泛的道德和价值问题，让学生更好地理解社会主流价值观，并与社会潮流融为一体。另外，在问题的设计环节，要遵循开放性的原则，也就是用问题启发学生从不同角度思考，培养其多元化的思维，容纳不同的观点，尝试从不同的角度寻找更多解决问题的方式。

（4）辩论问题需具备思想性

虽然辩论问题提倡开放性，但开放性并非毫无约束，需要确保辩论问题的答案和基本观念相符，以保证教学方向的正确性和教学目标的实现。在辩论式教学中，辩论问题往往是教学的核心，围绕着问题学生们才能展开活动。这些问题的表面观点和深层含义都将被深入探究和审视。因此，辩论问题必须明确且具有思想性，不允许有任何含糊不清的地方。

（四）实践活动教学组织引导

首先要确定辩论问题，这个问题是具有开放性、针对性、思辨性和思想性的。然后要引导学生开始围绕问题进行辩论。想要使辩论活动进行得更加顺利，需要教师具备组织能力和调控能力，包括教师能够指导学生如何参加辩论，同时要有应对辩论中出现各种情况的能力。除了要创造一个多元化的表达环境，还要鼓励学生使用不同的表达方式，以提高辩论式教学的效果。

1. 有效指导学生参与

（1）激发学生的自我管理能力

在辩论式教学中，学生可以自主管理自己的学习过程，这是在教师有目的指导的基础上实现的。学生在学习过程中独立自主，对自我进行有效管理，有效提高活动效率。在这个过程中，可充分挖掘学生的潜能，激发内驱力和自我意识的觉醒，满足自我实现的精神需求，最终实现自我学习能力的提升。在辩论活动中，可能会出现混乱的场面，想要解决这样的问题，要从学生自身的改变入手，在教师的引导下进行自我监督、自我调节、自我管理，相较于教师使用强制手段干预，从学生自身开始改变往往能够起到事半功倍的效果。因此，第一步需要为学生提供明确而详细的指导清单，以确保他们知道应该做什么。导学清单是一份方案，可以在课前让学生自主学习和自主探究。使用导学清单可以有效地改变学生只被动接受知识的态度，让他们变为有目的、积极参与的学习者，从而提升他们的参与感，大幅提升课堂效率。若学生未能在事先安排的导学清单上完成任务，不仅会浪费他们的时间，也会影响教学进程，同时会影响活动效率和质量。第二步需要确立小组成员的分工，让每个人知道自己应该承担哪些具体任务。教师可以和每个小组的组长商讨在课前如何设计活动，让他们选择自己更偏向的辩论形式和方案。此外，教师还可以鼓励小组成员各司其职，监督小组活动的进行，协调在对话中的矛盾冲突，以及提供保障，确保实现既定目标。只有将学生理解任务的目的和实现的方法两方面都能够明确，才能够真正激发学生去承担起积极的角色，提高他们的自我约束、积极参与和管理能力，这是辩论式教学成功的关键所在。

（2）指导学生参与辩论的方法

掌握方法是获取任何知识的必要条件。在进行辩论式教学时，应严格遵循辩论主题和方向，并引导学生掌握辩论技巧和方法，以便达到更好的辩论效果。虽然教学无法可依，但有常见的辩论式教学方法，如讨论法、课堂辩论法、角色扮演法等。首先是通过讨论的方式来探讨问题。学生们在一场辩论中发表不同的观点，教师帮助他们表达和倾听，这有助于激发他们的思维和观念，引发情感共鸣，甚至会激发出更加独到有创意的见解。这样的讨论有利于培养健康的价值观念，提高道德评判能力，使学生能够理性地为自己的想法辩护，或者通过协商达成共识。其次是采用课堂辩论的方式。在教学过程中，教师提出一些特定的命题，这些命题具有争议性和辩论价值，以此引导学生进行思考和辩论。这样做可以激活课堂氛围，增强学生的问题识别和分析能力。由于议论的争议性，学生往往会因个人的情绪和胜负欲影响到自己的观点，试图让最终的结论偏向于他们自己的立场，从而使方向跑偏并发生毫无意义的争吵，这会导致学生之间出现误解。教师需要培养学生在课堂上正确表达观点的能力，同时也需要确保听众能够完全理解发言者所想表达的意思。这样不仅有利于课堂秩序和沟通效率的提升，也可以帮助学生提高表达和倾听的能力。

（3）提高教师指导辩论的应变能力

首先，教师在教学中要学会深度观察每位学生的表情和神态，当出现教学突发情况时，能够准确判断事件的来龙去脉和性质，并采取合适的措施和教学设计，避免因时间或管理不当而造成的矛盾和问题，并合理安排教学。

2. 鼓励学生加强表达方式

（1）创造多边互动的辩论环境

教师在讲课时，若没有为学生创设自由交流和积极讨论的环境，就会导致课堂氛围不活跃，难以促进辩论活动的展开。为了建立一个民主和谐的讨论环境，教师需要创造条件，让学生从单向的个体变成多方互动的团队，积极鼓励学生踊跃参与讨论。教师可以改变课桌的布局，采用圆形或椭圆形的排列方式来增加同学们之间的交流范围。这种布局方式可以让多方意见得到更好的倾听和交流，有助于减少学生以自我为中心的思维倾向。

（2）鼓励多元的表达方式

因为每个学生都有独特的个性和智力水平，因此他们的表达方式也因人而异。教授辩论式教学鼓励学生通过表述和亲身感受来激发创造力，同时在与异质同伴的对话中形成新思维，但这并不意味着仅限于"口头"交流。为了让学生能够自如地表达自己的想法和研究成果，教师可以推广多样化表达方式，包括口头、书面、绘画和图表等不同形式，引导学生从多个角度审视同一观察对象。除了口头表达之外，多种表达形式的参与可以更好地引导学生深入思考，提高他们的综合素养。

（五）实践活动教学的总结升华

总结和升华实践教学手段涉及两个方面，一个是总结知识，另一个是提升情感和价值观。更具体地说，这包括整理不同观点的知识，并建立相关的知识框架，推动情感提升，并引领价值指引。对实践活动教学进行以上两个方面的总结和升华，可以明显提高教学效果。

1. 梳理相关知识体系

比如，通过辩论式教学的小结梳理，学生可以更加系统和全面地理解知识点。在这个过程中，他们可以整合自己的思考，定义相关知识的概念并将主流理论与其结合起来，以此将感性认知升华为理性认知，加深对理论的理解。因此，教师和学生都可以在不同的形式和方法下，对知识脉络进行总结和整理，成为小结的主要参与者。

（1）小结内容系统化

学生接收的知识通常是零散的，因此，为了让学生更好地理解和应用知识，教师应该把知识点系统化，帮助学生建立起知识之间的联系和网络。换言之，教师需要以整体和综合的视角对知识进行小结。首先，我们要从整体的角度来把握知识点，不能只看到局部和零散的知识，而忽略了所要讨论的主题。只有将知识点放到一个系统性的框架中来了解，才能有效地加强学生对知识的整体把握。其次，需要准确把握各个知识点之间的联系和内部结构，通过优化排列组合各个知识点，确定它们是从何种角度出发，以便实现最佳的整体功能。再次，要了解知识点间的分层结构，特别注意将重点和难点作为关键点突出，让学生认识到其重要性，从而促进教学目标的实现。最后，要实现"活动内容课程化"的学科内容有机整合，辩论活动的结束必须有系统性和有序性。

（2）小结主体动态化

在高等院校中，教师可以采用辩论式的思想政治课教学手段。这种教学手段可以同时考虑预设和生成的要素，并在实际的教学过程中进行灵活调整。因此，当面对复杂多变的课堂教学情况时，教师可以根据实际情况灵活调整小结的内容，而不必受制于教学设计时预设的模式。教师和学生都有资格担任辩论小结的主体。例如，原本计划让学生自主总结，以提高他们的总结归纳能力。然而，由于学生在辩论过程中争论激烈，需要通过活动小结使他们冷静下来并让学生有时间思考和总结。在这种情况下，主导权应交给教师，以控制活动气氛，帮助学生理清思路，并进行知识点的总结和归纳，以达到教育目标。教师在结束课堂活动时，应尽可能以与导入环节相似的形式进行总结，以呈现出整个课程所呈现的知识结构体系的连贯性和一致性。这有助于活动的前后呼应，使整个课程看起来是一个完整的、连贯的过程。

（3）小结形式多样化

当前，在高等院校的思想政治课中，无论是新教师还是老教师都普遍存在一个问题，就是缺乏对小结作用的重视。往往在活动接近尾声时，教师们匆匆结束，或是在课堂小结方面缺乏新意。因此，为了有效地总结课堂内容，并以多样化的方式呈现，教师需要投入更多的心血和精力，可采用各种方法，如画图、口语表达、设问练习和序号概括等。如果还有充足的时间，教师可以激励他们尽情表达意见，利用各种感官进行互动学习，通过手、口、眼、脑的协同来提高学生的总结概括能力和自我表达能力，让他们持续保持旺盛的兴趣和活力。

2. 促进情感升华

情感升华是一种以辩论为导向的活动，着眼于培养和提高学生的情感和价值观。它要求学生在真实而复杂的情境中进行有争议性的对话，通过教师的协助和引导，在情感层面产生感悟和体会，并达成价值引领的目的。简单来说，使学生产生"获得感"，是促进情感升华的前提条件。所谓"获得感"，首先是有一定收获，其次才会产生满足的情感体验。一方面，积极主动地获取物品可以激发人们认识到它们的有用价值，另一方面，认识到物品的价值又进一步鼓励人们更深入地去获取它们。"感"是建立在"获得"之上的情感体验，而在辩论式教学中，学生需要通过"获得感"来激发情感升华和引领价值观。这需要学生在实践中充分认识课程的实用性，以促进从知识维度向意识形态的转变，并产生积极的情感认同。这一过程的内在逻辑包括：期待得到满足，建立心理共情，进行有效对话，最终达成意义共享。在接下来的探讨中，将从这四个逻辑层面出发，探讨如何提高辩论式教学的情感体验和引领学生的价值观。

（1）关注学生期待，满足利益需求

在高等院校思想政治课辩论式教学中，教师需要注意学生的两个重要期望：第一个是教育活动对个体成长的贡献和意义，第二个是教育活动给学生带来的愉悦程度。教师通过设置让人感到进退两难的情境，引起学生对未知领域的好奇心。接着，学生们通过参与辩论活动来澄清模糊的认识，纠正思维误区，并对这种辩论活动产生认知上的认同，才能获得后续的情感体验。在进行辩论对话时，学生们得到平等的机会来分享彼此的观点。教师以鼓励和指导并重的方式进行评价，营造出民主和谐的氛围，这种氛围让学生们感到愉悦，进一步促进了学生的认同感，满足了他们在这次辩论活动中的利益需求。这种愉悦情绪也可以被看作是情感升华的起始点。

（2）营造师生氛围，形成共情机制

良好的师生共情能够成为情感升华的重要推动力。通常来讲，共情是通过以心理换位的方式来体验对方的思想世界，使用特定技巧将自己的经历和想法准确地传达给对方，从而引导对方进行自我表达和探索，以建立良好的关系并实现有效的互动。在辩论式教学中，教师和学生需要建立有效的共情机制，才能更好地沟通。教师应该认真聆听学生在面对不同观点时的想法和疑虑。理解学生的反馈信息后，教师可以尝试站在学生的角度体验，从而更好地调整引导技巧，传授社会主流意识形态和价值观，以便启发学生的表达和探索，并形成良性的共情循环。

（3）促进对话自省，加深理论认同

通过有效的交流对话，可以帮助人们更好地领会和内化价值观念。通过进行跨语言对话，让参与辩论活动的同学们互相交流并激发思维运动，使课堂变得更加立体丰富。学生在思维碰撞的过程中对比彼此的观点，分析异同点，反思自己的思路，这有助于他们消化辩论内容，深入理解相关理论，并且强化他们的获得感。当进行对话时，需要确保双方处于平等地位，做到彼此尊重、认真倾听，使气氛和谐。这种有效的对话可以促进辩论式教学的情感升华。

（4）完成意义共享，落实价值引领

经过以上一系列的彼此坦诚、有效沟通、情感共鸣与升华，我们最终达成了一致，即要实现有效的价值引领。从辩论式教学的互动过程来看，首先学生会进行组内自主讨论，然后团队之间展开意见交流，最终会形成一定的共识，作出理性的判断。在这样的学习系统中，学生群体能够相互促进，共同学习。这种教学模式可以推动学生掌握符合中国特色社会主义主流意识形态，同时贴近学生生活、符合学生实际的一套价值观念和行为指南。只有经历这样的过程，学生才能最终体验到获得感的真正形态，即情感的升华和有效的价值引领。这些体验将融入他们的内心，并体现在他们的行为上。

三、提升辅导员的职业素养

（一）提升辅导员的政治素养

1. 党和政府更为具体的指引

提升辅导员的政治素养，需要党和政府更为具体的指引，树立政治意识的鲜明旗帜。党中央、国务院历来重视高等院校思想政治工作，先后出台了一系列的重要政策、文件和意见，这些政策、文件和意见有效加强了高等院校辅导员队伍建设，也促进了高等院校辅导员职业素养的提升，但在提高辅导员专业素养方面仍有上升的空间，需要党和政府更为具体的指引，以使辅导员树立正确的职业意识，旗帜鲜明地做好新时代意识形态工作。

首先，高等院校辅导员如何坚定爱党拥党、爱国情怀的信念，坚持不懈传播马克思主义理论，坚持把握意识形态话语权和主动权，需要党和政府在政策、文件和意见等方面有更为具体的指引，助力高等院校辅导员政治意识的提高。

其次，需要加大对既有文件意见的执行力度。党中央、国务院要成立专项工作小组，对既有文件意见的落实情况进行检查和督查，保证党中央国务院的政策得以贯彻实施，能在基层真正落地生根，促进习近平总书记重要讲话精神和各项文件意见的有效落实。

最后，党和政府在制定高等院校辅导员选聘、培养、晋升等条件和标准时，应当把"政治意识"的要求始终摆在首位。加强对高等院校辅导员政治敏锐性、政治鉴别力、"三观"以及国家情怀的考察，突出高等院校辅导员政治方向、政治立场和党性修养的教育锤炼。

2. 社会环境持续改善

为了提升辅导员的政治素养，必须持续改善社会环境，这样，才能汇聚起强大的政治意识力量。高校辅导员作为大学生思想政治教育工作队伍中一个的重要群体，其职业素养提升受到社会环境的重要影响。高等院校辅导员的职业素养将随着社会环境的不断改善而不断提升。同样，作为大学生的思想导师和知心朋友，辅导员的言谈举止是其政治觉悟和价值观念的具体体现，他们自身的言行也会对学生以及社会产生深远的影响。要提升辅导员的政治素养，需要持续改善社会环境，这就需要从以下两个方面入手。

第一，强化社会舆论的积极导向。随着互联网的蓬勃发展，目前，网上的各种舆论已经能够产生十分重要的影响，甚至影响到人们的正常生活。在这种情况下，面对新媒体和自媒体蓬勃发展的新形势，高等院校辅导员要注意从正面引导社会舆论，这样才能够为更好地开展思想政治教育工作提供有益的支持。

第二，有必要对网络空间环境进行更深入的净化处理。目前，网络空间环境鱼龙混杂，各种信息良莠不齐，要对杂乱的网络空间环境进行净化，积极对抗网上的不良思潮。

3. 高等院校的聚焦

要提升辅导员的政治素养，高等院校应当集中精力加强辅导员队伍的政治建设，以提高他们对政治问题的认知和理解水平。

第一，进一步加强高等院校辅导员对于自身专业领域的认知和理解。高校是培育和践行社会主义核心价值观的重要阵地，高等院校辅导员作为大学生学习成长的引导者与服务者，承担着传播主流价值文化的重任，具有不可替代的作用。高等院校应当明确辅导员的角色定位，将其定位为政治辅导员，坚守政治本质，提升政治站位，而不应过度强调辅导员作为事务性管理的"保姆"职责。在日常工作中，高等院校应当注重对辅导员进行政治觉悟、价值观念、意识形态安全等方面的培训和培养，以实现思想政治教育的"红专并举"。

第二，进一步加强高等院校辅导员的党性教育和锻炼。高等院校应当为辅导员提供一个平台，以加强其党性锻炼，提高其政治理论水平，并不断激励辅导员，同时大力挑选典型人物，树立榜样形象，以确保辅导员能够更好地完成各项工作。

第三，为适应日益复杂多变的社会需求，辅导员的政治理论水平需要不断提升。高校是培养社会主义事业建设者和接班人的摇篮，加强对大学生的思想政治教育工作至关重要，而高校辅导员肩负着直接向学生进行思想政治教育的重任，因此必须具备较高的政治理论水平。高等院校应当坚决贯彻党的理论路线和方针政策，将高等院校辅导员的政治理论水平作为辅导员考核奖励的重要标准，以确保他们在学术和职业生涯中不断进步和发展。

（二）注重辅导员的内涵

1.党和国家大力弘扬高尚师德

为了加强辅导员的内涵建设，党和国家必须要大力弘扬高尚师德，建立相关规章制度，并不断积极推广。作为高等院校的思想政治教育工作者，高等院校辅导员在高校学生工作中发挥着重要作用，辅导员必须具备高尚的品德和卓越的才华，并且二者要以道德为先。高校辅导员应该具备良好的道德品质和职业素质，这不仅是对其自身价值实现的要求，也是时代进步的必然需求。为了提升高等院校辅导员的"职业道德"素养，我们需要在国家层面上加强辅导员职业道德内涵的建设，并建立相应的规章制度，以进一步弘扬高尚师德。

第一，需要党和国家健全高等院校辅导员师德建设长效机制，推动师德建设常态化、长效化。创新师德教育，完善师德规范，引导广大高等院校辅导员在自身发展、工作实践和学习研究中，做到育人为本、为人师表、爱岗敬业，做学生成长成才和健康成长的指导者、引路人。

第二，应大力推进高等院校辅导员的师德师风建设工程，以提升辅导员队伍的整体道德素质。要深入挖掘高等院校辅导员的师德典型，开展年度人物评选，评选出其中比较优秀的辅导员，对他们的先进事迹进行大力宣传，形成先锋模范作用，促进其他高等院校辅导员的不断进步。

第三，必须建立一套高等院校辅导员的师德和师风评价机制。评价辅导员队伍的职业素养，应当以其师德师风为重要的衡量标准。针对高等院校辅导员的师德师风评价，要建立严格的制度规定和日常监察督导，对师德考评进行细化，引导高校辅导员严格遵循其制度并在日常工作实践中做到知行合一。

2. 营造良好社会氛围

为了加强辅导员职业道德的内涵建设，我们需要营造一种尊重师长、重视教育的社会氛围。高校辅导员作为学生思想政治工作队伍中一支重要力量，其道德修养直接影响到大学生思想道德状况和成才发展目标的实现。高等院校辅导员的职业素养之一，是将职业道德融入公民道德教育的核心内容之中。这种尊重师长、重视教育的社会氛围的营造，有助于加强辅导员的职业道德素养。

第一，营造一种尊重教师和人才的社会氛围，以提升高等院校辅导员的职业荣誉感。媒体应当广泛宣传全国高等院校辅导员先进典型，特别是在每年教师节前夕，针对高等院校辅导员的先进典型与光荣事迹进行集中宣传和展示，以营造良好的社会氛围。

第二，必须积极推广社会正能量。提升大学生对高校辅导员工作重要性的认识程度，强化辅导员对自身价值的认知，积极推广高校辅导员的积极力量，引导社会各界深刻认识到高校辅导员在教育事业中扮演着至关重要的角色，为立德树人做出了重要贡献。在应对社会多元价值观的冲击与挑战时，高校辅导员需要具备坚定的定力，恪守正确的处事原则和职业操守，要为他们这种坚定的定力提供正能量支持。

3. 高等院校加强教育引导

高等院校辅导员作为高等院校思想政治工作队伍的重要组成部分，其职业道德素养尤为关键，高等院校需要加大辅导员师德建设力度，加强教育和引导。

第一，加强辅导员的师德教育，以提升其道德素养。高校辅导员作为大学生健康成长成才的指导者，必须具有高尚的品德修养和良好的道德品质。高等院校可以策划并举办师德演讲比赛、师德师风讲座、模范教师公开课等活动，或者让辅导员到乡下参加支教，目的是培养辅导员的社会主义核心价值观，提升他们的职业素养和使命感，加强对辅导员师德的培育。

第二，必须建立一套监管机制，以确保辅导员的师德建设得到有效监督。建立多方监督机制，由学生、二级学院以及学校相关部门共同作为监督主体，这些监督主体可以通过数字化和信息化等渠道，根据相关法律法规进行监督，对辅导员的师德行为进行调控，以促使他们自觉地承担起师德义务，以推动师德建设监督的科学化、制度化和常态化。

第三，针对辅导员师德建设的评估和激励机制，必须加以确立并完善，以促进其不断提升和发展。要建立科学的评价考核和激励机制，将奖励与舆论引导结合起来，将物质奖励与精神奖励结合起来，以制度化的手段进行师德先进个人评选，以激励辅导员师德素养的提升。

第四，应该积极倡导互助友爱的精神，为高校员工营造一个融洽和谐的工作氛围。高校是培育人才的摇篮，也是社会文明进步的窗口，而作为大学生群体主要组成部分之一的辅导员，其职业素质与能力直接关系到人才培养质量及学校发展方向。在高等院校的从业人员中，倡导互助友爱、团结和谐的理念，能够形成一种良好的校园环境氛围，这样，辅导员也能够专注于不断提升自身职业道德素养，安心做好本职工作。

（三）辅导员能力与知识水平提升

1. 党和政府保驾护航

要提升辅导员的能力和知识水平，党和政府的坚定支持必不可少，对于辅导员来说这是一个十分有力的保障，能够确保其工作顺利开展。下面，关于党和政府需要采取的一些措施进行简要叙述。

第一，目前，高校辅导员相关法律机制并不完善，党和政府要完善相关制度建设，以提升辅导员对制度的认可。要建立完善相关法律法规与机制，促进高等院校辅导员的文化知识与职业能力的提升，完善辅导员从选聘、培训到考核、激励等一系列的管理机制，促进辅导员职业化发展进程。

第二，目前，我国教育经费投入还远远不够，党和政府应当加大教育经费的投入力度，同时加大对高等院校辅导员队伍建设的支持力度。在教育经费投入方面，我国与发达国家相比存在着明显的差距，另外，我国教育经费支出结构也十分不合理，不同的地区、城乡之间存在着很大的差异，教育经费支出方面重视硬件轻视软件等问题普遍存在。除了要增加教育经费投入，党和政府还应当将教育经费向培养和提高高等院校辅导员的文化知识和职业能力方面适当倾斜，以提升辅导员的能力与知识水平。

第三，目前各大高校辅导员往往只是关注本校的相关教学与管理情况，对于其他学校却知之甚少，党和政府可以建立一个官方的高等院校辅导员交流平台，以促进各大高校辅导员之间的交流和学习，促使他们互相学习先进的知识与经验，共同提高。比如，建立政府思想政治工作专题网站、举办全国性的高校辅导员核心素养大赛、建立高等院校辅导员论坛等。

2. 加强社会型的培训

要提升辅导员的能力和知识水平，还需要社会对辅导员提供全方位的培训和培养，不断增强其实力。高等院校辅导员群体十分庞大，仅仅依靠党和政府的相关保障还远远不够，社会力量的支持与配合仍然是必不可少的。下面，针对社会层面能够提升辅导员能力和知识水平的相关措施进行简要叙述。

第一，积极推进高等院校辅导员行业协会的蓬勃发展。在国家政策层面上支持高校辅导员协会发展的前提下，从理论与实践两个方面探索构建高等院校辅导员行业协会。借助该行业协会，为高等院校辅导员提供一个良好的平台，以供他们对辅导员工作进行探讨和研究，并互相进行行业内部的学习切磋，不断提升他们的文化知识与职业能力，促进他们核心素养的提高。高等院校辅导员行业协会为广大高校辅导员提供了话语权，他们能够以此组织的优势发出自己的声音，表达其内心深处的情感和想法。

第二，在社会上设立高等院校辅导员职业素养提升专项基金，拓宽高等院校辅导员培训、研究等方面的资金来源，提高对高等院校辅导员职业素养培训与研究方面的资助力度，从而促进高校辅导员能力与知识水平的提升。

第三，应当扩大高等院校辅导员培训基地和研修组织的规模和数量，从而形成规模效应，加强培训，促使其在高等院校辅导员职业素养培训与提高方面发挥更大的作用。

3. 高等院校进一步的重视

除了党和政府以及社会的重视与相关措施外，高等院校也应当更加注重提升辅导员队伍的能力和知识水平，同时创新管理和培养机制，以推动辅导员队伍的发展。

第一，高等院校必须从根本上加强对辅导员队伍的建设。高校辅导员是高校教师中一支非常重要的力量，高等院校必须要重视高校辅导员的发展，树立以教师发展为本的意识与理念，无论学术骨干教师还是高等院校辅导员，都要同等重视。为了增强辅导员的工作积极性，提高辅导员的职业认同感与成就感，高校可以推出相关的激励措施，推广辅导员的职级制度，从而推动高等院校辅导员队伍的蓬勃发展。

第二，高等院校始终要坚持以人为本，高校辅导员的价值诉求应得到充分的重视和关注。高等院校应当建立一套有效的交流和激励机制，拓宽联通社会交流渠道，增强本校辅导员与政府以及社会的学习与交流，鼓励辅导员参与地方政府人才交流和挂职锻炼，从而增强其见识，开阔视野。高等院校应当加强对辅导员的培养和锻炼，为其提供更多的培训和学习机会，并对杰出的辅导员进行有针对性的栽培。

第三，必须建立一套科学的高等院校辅导员培训和评估考核机制。在对高校辅导员进行培训时，要注重其专业性和针对性，考虑不同地区和高等院校的学生特点，同时还要注意不同高等院校辅导员的职责内容、工作时间和素养水平等也是不同的，要依据高校辅导员以及高校学生的特点与需求来对辅导员进行培训，要注意分层次、分阶段、分重点地进行，构建一个科学的培训和考核体系，从而实现制度化、科学化与常规化的培训和考核。

第四，应当采取多种措施，积极推动高等院校辅导员对自己的工作展开深入调研并不断进行富有创新性的探索。要不断激励高等院校辅导员，采用多种措施使他们能够在实际工作中不断开拓进取，包括物质奖励、精神鼓励、评先评优、提拔晋升等，激励高校辅导员对自己的工作开展调查研究，分析教育对象、教育环境等方面的各种变化，及时了解情况，与时俱进，及时调整自己的工作思路和方式方法，并不断应用新技术与新方法进行思想政治教育工作的创新。

第二节　大学生思想政治教育实践资源创新

本节探讨高等院校思想政治教育实践资源创新，主要对如何利用红色文化资源以及影视视听资源进行了分析。

一、切实利用红色文化资源

要对学生进行思政教育，红色文化对于塑造学生的文化自信至关重要，因此，将红色文化教育融入高校思想政治教育体系中显得尤为迫切。思想政治教育的载体承载着丰富多彩的精神教育内容和信息，作为思想政治教育过程中各要素相互关联的桥梁，其作用不可小觑。通过利用这些载体可以使高校思想政治教育工作更加生动形象地开展下去。然而，长期以来，高等院校未能充分重视思想政治教育载体的应用研究，没有深入挖掘思想政治教育载体的应用，导致教育课程、实践活动等各种形式的载体无法与高等院校学生的实际生活和社会现状紧密相连，从而严重削弱了思想政治教育的效果。

中华民族历史源远流长，在历史的长河之中，伴随着中华民族的艰辛奋斗，红色文化便应运而生，其展现了近代以来中国革命者不懈奋斗的伟大形象，凝结了中国共产党宝贵的精神结晶。

作为中国共产党革命历程中的重要见证，红色文化蕴含了丰富的文化内涵与精神内容，承载着一代又一代人的初心与使命，因此，切实利用红色文化资源，将其融入高校思想政治教育之中，具有十分重要的意义。

（一）红色文化传承的内涵

红色文化可以概括为中国共产党和人民群众在革命战争时期和社会主义建设时期形成的一系列文化成果和革命精神，并且与中国的传统文化和具体国情相结合，包括无形的经济、政治和社会制度等，也包括有形的书籍资料、遗址和纪念场所等。

部分学者发现了红色文化的作用和意义，认为将红色文化融入思想政治教育之中，一方面能够使思想政治教育更加接近现实，并且丰富了教学内容，另一方面，通过教育的形式传承和弘扬了红色文化。"红色文化思想政治教育"开始被研究者们关注，在 21 世纪积累了一定的研究成果。谭宇提出红色文化思想政治教育的二重意蕴表现为塑造个体与凝聚群体[①]。从塑造个体的层面讲，红色文化对于塑造社会主义的政治立场和信仰有重要作用，并且能够增强精神力量，能够发挥思想政治教育的作用。崔建关注了高等院校思想政治教育中红色文化的部分，通过走访调查之后发现部分学校的校园文化中缺乏红色文化，而部分高等院校并没有将红色文化与思想政治教育很好地相融合，所以要加强红色文化在高等院校

---

① 谭宇，王亚军. 红色文化思想政治教育的二重意蕴 [J]. 学习论坛，2020（10）：61-68.

文化中的影响力①。充分利用红色文化资源，重视网络信息资源的使用，需要多方协同，共同营造一个适合红色文化传播和发展的环境。中国近代史和现代史中有大量的革命与斗争的经历，这些不寻常的经历构成了特殊的红色文化，红色文化影响着一代又一代中国人的成长与奋斗，所以如何将红色文化与高等院校思想政治教育相结合，如何重塑载体以增强高校学生的认同感和红色文化自信，这一课题值得深入研究。

（二）弘扬和传承红色文化的必要性

弘扬和传承红色文化，保护革命精神，是我国文化建设的重要方面。建设社会主义特色文化对培养文化自信和建设现代化的中国来说，已经上升到了国家战略层面。在高等院校的思想政治教育中融入红色文化与传承中国特色社会主义文化一脉相承，不仅可以实现红色基因的伟大传承，而且能够使广大师生坚定崇高的理想信念，有助于学生树立正确的人生价值目标，建构科学的人生价值体系。

思政课教师应认识到，革命精神是思想政治教育课程教学中最好的营养剂，要积极拓展路径，扎实开展教学改革，创新课内、校园、校外"三位一体"的育人模式，同时促进学生在学习专业知识的同时继承革命先辈深厚的爱国情怀，唤醒学生的历史记忆，凝聚高校学生的政治认同，引导学生形成正确的价值取向。

1. 思想政治教育深度有待提升

尽管高等院校在思想政治教育方面取得了一定的进展，但仍需正视存在的一些问题。尤其是在当前高等教育逐渐大众化，高校毕业生逐年增多的形势下，高等院校的思想政治教育也正处于不断改革的进程中，其教学内容和教学方法逐渐呈现出多元化和多样化的趋势，高校大学生思想政治教育面临着新挑战。相对于专业学科而言，高校对于思想政治教育方面的改革却远远并没有那么重视，创新力度不强，开展深度也有待提升。

首先，无论对于学校还是对于社会公众来说，评价学校成果的主要标准还是对于学生专业的教学情况，对于学生思想政治教育方面的内容却很少提及，这就使得学校过分重视学科方面的专业教育，忽视了对学生思想政治方面的教育，将考试成绩作为衡量学生的唯一标准，忽略了学生的全面发展。

---

① 崔建. 红色文化融入大学生思想政治教育探究 [J]. 学校党建与思想教育，2020（04）：95-96.

其次，为了实现思想政治教育的目标，载体不可或缺，然而，在一些高等院校的思想教育过程中，载体所扮演的角色却存在缺失。长期以来，我国高等院校的思想政治教育模式缺乏创新性和灵活性，缺乏多样化的载体，仅仅在课堂上依靠教师对学生进行单一的思想政治教育，这必然会导致学生的抵触情绪，无法满足学生的需求。高校思政教育存在着教学模式僵化、内容陈旧以及形式简单枯燥的问题，思政教学的内容脱离了学生的实际生活，也未能与社会的发展趋势相适应，这严重影响了大学生学习思政的积极性。

2. 学生良好品格和情怀的要求

要想更好地弘扬红色文化，使学生能够深切感受到红色文化的内涵，就要以学生为主，考虑他们的需求和兴趣。可以组织一些红色资源相关活动，吸引他们的注意力和兴趣，使他们能够了解到身边的红色文化事迹，感受身边的红色文化，通过到纪念馆进行参观，身临其境地感受革命先辈的爱国精神与坚强意志，激发学生的爱国情怀，有助于帮助大学生树立正确的人生观、价值观以及世界观，同时还能培养当代青年学生积极向上的生活态度和高尚的品质。将革命先烈的爱国精神融入高等院校思想政治课程，不仅能够激发学生的爱国情怀，更能够通过先辈们的事迹，引导学生养成高尚品格。在大学阶段，学生的生理与心理还未完全成熟，在面对现实生活中的一些现象时，总是容易受到外界的引导和干扰，这对于学生来说，既有益处也有害处。高校要为学生提供一个良好的环境，加强对学生的有益引导，运用红色文化进行教学，不仅可以引导学生遵循正确的社会规范，还可以激发学生的历史感悟，丰富学生的精神世界，使他们能够了解到革命先辈不屈的意志与精神，从而不断锻炼自身，养成良好的品质。

3. 我国对红色文化资源的运用还不足

目前，红色文化发展得越来越深入，它已经融入了传统文化的血脉，然而，如何在传承和发展的过程中充分发挥其作用，一直是学界所面临的一个重要难题。随着社会经济的快速发展，人们对精神生活的要求越来越高，这使得红色文化成为当代大学生思想政治教育工作的一个新课题。在中国的历史长河中，红色文化资源不仅是对一段真实历史事件的记录，更是一份珍贵的文化遗产，它承载着历史精神的传承，从而孕育出了红色文化的独特魅力。同时，红色文化还能够激发大学生学习革命精神的热情，帮助他们树立正确的价值观和人生观。在井冈山和西柏坡等红色文化资源丰富的地区，师生接触红色文化和精神具有独特的本土资源优势，这种优势容易营造出良好的文化氛围，同时也会激发出强烈的认同感。然而，在高等院校思想政治教育中，大多是由教师在课堂上传授红色文化的相关事迹与精神，对于本地红色文化的涉及相对较少，且内容不够全面，高校学生对红色精神的认知程度普遍不够深刻，缺乏全面的认知，这成为导致高校大学生对红色文化缺乏理解与认同的重要因素之一，即没有充分利用好学校自身的教育资源，没有利用好本土的红色文化资源，只是照本宣科，现有的思想政治教育载体过于僵化、单一，学生们未能真正地领悟思想教育的真正内涵，红色文化的思政教育作用也未能充分发挥。

因此，要想真正地发挥红色文化的思想政治教育的作用，就需要利用本地的红色文化资源，在熟悉的环境中吸引学生的兴趣，发挥本地红色文化资源的优势，加深学生对于红色文化的认识，促进其思想政治素养的提高。

将本地的红色文化资源与课程思想政治教育相融合，不仅能够改善如今思政教育的枯燥与乏味，而且还能够使学生更好地了解本地的红色文化，增强学生内心的责任感与自豪感，从而促使学生更好地对其进行传承与弘扬。

4. 民族精神力量的呈现

红色文化是中国各地独具特色的文化传承，通过真实记录革命历史，表现了浓郁的民族精神和力量，为推动中华民族向着伟大复兴的目标不断迈进提供了指引与方向。高校作为传承与发扬红色文化的重要阵地之一，在弘扬优秀传统与民族文化中发挥着不可替代的作用。高校学生可以从众多红色文化资源中了解我党的历史和建设过程，从中获得宝贵的思想政治教育和爱国教育。这些红色资源是高等院校思政教育必不可少的重要资料。

中国共产党领导中国人民在不断奋斗中凝聚出了伟大的革命精神，即红色精神，彰显了中国人民在历史进程中的坚定信念和不懈追求。它是一个民族最宝贵的精神财富。在中国共产党的漫长历史中，涌现出了许多振奋人心的"红色精神"，这些精神为我们留下了宝贵的精神财富，对当今时代仍有重大启示意义，它们激励着中国人民不断攻坚克难、不断前进，如井冈山精神，长征精神、北大荒精神、西柏坡精神、"两弹一星"精神等。

5. 红色文化的载体比较丰富

高等院校的思想政治教育不仅仅只是在课堂之上进行，还可以借助多种形式的载体，如组织参观革命旧址、传授先烈事迹等，将红色文化融入其中。红色文化与高校思想政治教育相结合能够增强高校思政教学的实效性，提高学生的思想觉悟及道德修养，培养学生坚定正确的政治立场，树立良好的人生追求。高等院校的思想政治教育不仅有助于学生更深入地理解和认识红色文化的价值，更能够增强其责任感与使命感，使其将传承和弘扬革命先烈的红色精神当作自己的光荣使命。高校应该积极挖掘并充分利用各种红色资源来丰富思政教育内容，让大学生了解到红色文化所蕴含的伟大精神以及它对于社会进步、国家繁荣发展的意义。随着社会的快速发展，互联网上的信息越来越丰富，网络环境鱼龙混杂，大学生们的心理还没有完全发育成熟，当遇到某些不良信息时，很容易就会被其所迷惑，不利于自身的发展，这时候，就需要高校对其进行思想政治教育，使其树立正确的世界观、人生观、价值观。高校作为社会的重要组成部分之一，肩负着传播社会主义核心价值观的责任，因此必须重视对学生进行革命传统教育。红色精神，作为先辈们在改革开拓的历史中所留下的珍贵精神遗产，具有不可替代的价值和意义，因此将其传承给当代高校的学生，有助于激发他们的爱国情怀和文化自信，促使其形成良好的品质与修养。

6. 促进红色文化的保护和传承

在高等思想政治教育中融入红色文化，能够更加充分地利用好红色文化资源，促进红色文化的保护和传承，同时也有利于红色经济的形成，推动当地经济的发展。

（三）红色文化传承与融合的优势

中华民族独具特色的杰出文化形态——红色文化资源，蕴含着丰富的文化内涵和历史文化底蕴。在高校开展大学生思政工作时，应该充分挖掘这些红色文化资源。红色文化资源中的革命事例以及各种道德品质与精神理念等都是思想政治教育过程中不可或缺的重要素材与内容，将这些宝贵的红色文化资源应用到高校大学生的思想政治教育中是非常有必要的。红色文化资源中的这些革命事件都是真实的，对它们进行展示、剖析与解读，能够引起学生的共鸣，这对于培养大学生正确的价值观以及树立坚定的理想信念都有着十分重要的意义。

1. 精神引领性

对于高校学生来说，红色文化具有精神引领性，能够促进学生的身心良好发展。因此在高校思想政治教育工作中，应该重视将红色文化融入日常教学当中。红色文化的"基因"深植于历史和实践之中，是革命先辈用自己的生命与鲜血铸造而成的，这些红色文化资源还带有一定的地方特色，能够让学生产生一种亲切感，与高校学生的实际生活情况有着十分紧密的联系。在这种情况下，对于学生来说，红色文化已经不再是一种抽象或遥远的存在，而是身边发生的熟悉的事件，因此它具有极强的吸引力和亲和力，吸引着学生进行更加深入的认知与探索。

大学生是国家的栋梁，是社会主义事业的建设者与接班人，其理想信念是否端正直接影响到国家未来的发展方向与前途命运。因此，大学生必须要树立和培养自己的理想和信念，这样，才能够形成不断向前发展的不竭动力。要树立和培养大学生的理想和信念，可以利用红色文化资源来完成。红色文化资源中蕴含着许多中国共产党人勇往直前、执着追求的奋斗故事，这些故事中的形象可以为当代的大学生们树立良好的榜样，有助于高校学生在潜移默化中接受教育，促使他们能够像革命先辈一样勇往直前，不懈奋斗，从而逐渐树立起自己的理想信念。因此，高校应该结合自身特点，将大学生理想信念教育与红色文化教育相结合起来。若能在此基础上持续施以恰当的引导，高校学生将能够充分发挥其主观能动性，有意识地汲取先进人物所蕴含的卓越品质，从而坚定自身的理想和信念，成为一个真正对社会有益的人，更好地为祖国做贡献。

2. 可操作性

在红色文化传承与融合过程中，将其融入高等院校课程之中，具有一个十分显著的优势，即可操作性。大学生作为一个特殊群体，其思想道德状况不仅影响着国家未来的人才素质结构，而且关系到社会主义核心价值观的培育成效。对于高校学生来说，要对他们进行思想道德教育，并收获良好成效，就需要使他们能够亲身实践，在实践中观察、分析与思考，进行亲身体验，这样才能够获得更加直观的知识与经验，真正地理解其内涵，将规定的行为规范化为内在的个体意识，增强思想政治教育的成效。

在思想政治教育中，要想让学生亲身实践，就需要充分挖掘红色文化的潜力，挖掘红色文化的可操作性。在现实的周边环境中，存在着许多红色文化资源，如红色革命纪念馆、红色革命旧址等，无论采用何种方法对其进行深入挖掘，都会变得更加容易实施，所以，将红色文化与高校思政教育相结合，具有较高的可操作性。高等院校教师可以引导学生到红色革命纪念馆与旧址等进行参观，到烈士陵园祭扫、献花等，同时教师还可以引导学生围绕这些历史遗址和纪念馆中的各种主题进行实践调研活动。另外，还可结合大学生的特点与需求，让他们通过网络或电视观看红色文化相关内容，以此来激发大学生对于红色文化的学习热情，进而实现高校思政课堂教学效果的最大化。高校学生在校内的思想政治教学和校外实践活动中，深入了解红色文化，从而形成正确且深刻的红色文化认知，并提升自身的精神境界。

3. 激发学生的主体性

高校将红色文化与大学生思想政治教育有机结合起来，能够激发学生内在的主体性，对于高校学生来说，本土的红色文化更容易激发他们的情感认同，这有利于帮助他们树立正确的人生观和价值观。在高校思想政治教育中融入红色文化，是对当地红色资源的深度挖掘和有效利用，将其有机地融入课堂教学中，从而营造出一个良好的教学环境，以潜移默化的方式达到教化的目的。在高校大学生思想政治教育工作中，应充分发挥当地红色资源的作用，针对高校学生的思维和成长发展规律与特点，依据本土红色资源的实际条件，制定符合条件的教学内容、方法与组织形式，对传统的思想政治教育进行改革。

红色文化作为一种精神资源与高校大学生思想政治教育有着天然的契合性，在教育内容、教育功能、实践活动等方面，红色文化能够满足高等院校思想政治教育的需要。红色文化所蕴含的伦理道德、心理特征、精神风貌等方面的内容，是在革命战争年代中沉淀形成的，但它们并没有过时，这些元素对于高等院校学生的思想政治教育仍然具有至关重要的意义，因此，在某些教育功能上二者具有高度的相似性。

思想政治教育中涵盖了多种理论知识，这些知识具有高度的逻辑性和理论性，需要学生进行深刻的思考和理解。传统的教学方法以灌输为主，这就使得学生理解起来存在一定困难，甚至会出现抵触心理。仅仅在课堂上对学生进行知识灌输是不够的，还需要加入相应的实践，将理论与实践结合起来，这样才能够得到更好的教学效果。因此，为了更好地实现思政课堂上的理论与实践相结合的效果，教师应积极探索多元化的教学方法。比如，借助红色文化中的具体实例，可以将枯燥乏味的理论知识转化为生动的历史事件，这就有利于提高高校学生的学习积极性。

（四）思政教育中红色资源运用的问题

红色文化载体在高等院校思想政治教育应用中存在一定的问题，主要表现在以下几个方面。

1. 实际利用的资源相对较少

我国各地有着丰富的红色文化资源，这些资源由大量历史文物以及革命故事所构成，是地方红色文化的重要基石。可以说，全国各地的革命历史资源非常深厚，代表的革命精神内涵也异常丰富，但是，这些丰富的红色资源却没有得到充分的利用，缺乏有效整合，研究角度和方向也比较分散，因此，在高校思想政治教育方面可供利用的实际资源相对较为有限。同时，由于目前社会环境的影响以及传统文化意识的弱化，很多人对于红色文化的认识仅仅停留于表面，认识不够深入。在高等院校中，红色文化思想政治教育所涵盖的内容通常仅限于一些普通的历史教科书或图书资源，虽然这些内容介绍比较系统，但是相对枯燥乏味，学生在阅读时仅仅能够得到一种比较主观的体验，使得大学生们对于红色文化的了解程度不够高，无法满足高等院校学生的需求。由于这些图书缺乏深度，学生即使有兴趣去进行阅读和浏览，也往往无法实现有效的学习目标。

目前，政府越来越重视红色文化的传承与发展，各地政府在建设红色纪念馆方面取得了一些成就。作为社会发展进步到一定阶段后的必然产物，在这个过程中，纪念馆中的各类文物藏品也发挥着越来越重要的作用。若能对纪念馆中珍藏的各式各样的纪念物所蕴含的历史人物和故事进行深入剖析和挖掘，然后将其展示给大众，那么这些文物的价值必将得到更高层次的提升，大众在观赏纪念品的时候也能够感受到其中的红色文化，从而不断提升自己的思想与品质修养。

我们正处于一个不断发展的时代，随着时代的不断演进和社会的不断进步，红色文化也要顺应时代的发展变化，与时俱进，不断深入挖掘与创新，并与当今时代的发展相契合，这样才能更好地对其进行传承与发展。在研究红色文化精神时，要将红色文化精神与当今的时代精神联系起来，探索二者之间的相互关系，不断探索二者的契合点，以期为红色文化精神注入新的时代内涵。

2. 载体形式有待丰富

目前，在高校思想政治教育中，尽管已经将红色文化资源引入其中，但是，由于载体形式不丰富，高等院校的学生难以对这些内容产生兴趣，无法实现较好的教学效果。下面，针对高校思想政治教育的载体进行简要分析。

（1）课程载体

在高校思想政治教育中，最主要的载体就是课程载体，通常高校会开设思想政治教育的课程，教师在台上授课，学生在台下听讲，最后在课程结束的时候利用考试来对学生的学习成果进行检验。这种课程载体往往过于依赖课本内容，知识比较空泛，理论性知识较多，学生难以理解。

（2）教学计划载体

教师在教学过程中扮演着至关重要的角色，发挥着主导作用。在高校的教学活动中，高等院校教师往往在制作教学计划时，以自身控制的进度为主要依据，忽视了学生的主动性，学生的主观能动性得不到充分的发挥，这就会使学生无法对书本内容进行更好的领悟和理解，也无法将其与自身的认知和体验相结合，不利于学生的学习。

（3）教学工具载体

有些教育者在讲授与传承红色文化资源时，仍旧使用强制灌输的办法，这就会导致红色文化的教学过程缺乏生气和趣味，学生就会对此产生厌烦心理，这对深入理解优秀红色文化非常不利，教学效果也不尽如人意。为了调动学生的积极性，吸引学生的兴趣，教师可以采用高等院校学生所喜爱的方式来呈现。比如，可以充分利用先进的教学工具，如多媒体和短视频等，吸引学生的兴趣。

3. 载体内容缺乏与时俱进

在高校思想政治教育中，还存在着载体内容缺乏与时俱进的问题，目前某些红色文化资源已经不符合现在的时代主题，有些教师将一些与现在的时代主题不相符的红色文化资源的相关内容直接呈现在课堂上，将其灌输给高校学生，这种做法不仅偏离了将红色文化资源与高等院校思想政治教育相融合的初衷，同时也给高校学生带来了更多的心理压力，对红色文化的传播和发展产生了极为不利的影响。

4. 传播程度不广泛

在高校学生中，红色文化资源的传播范围相对较窄，这是思想政治教育中需要解决的又一个问题。这与高校思政工作者对红色文化资源利用不够有很大关系。高等院校的学生在家庭背景、价值取向、人生态度等多个方面呈现出明显的差异，每个学生的思维模式与习惯都截然不同，这就决定了他们对红色文化信息的接收有着极大的差异性。高校学生是推进红色文化资源有序发展的重要对象，教育者必须针对这些显著的差异，采用更具灵活性和多样性的教育形式，同时还要提供更为丰富、翔实的红色文化思想政治教育内容，以吸引学生的兴趣。

然而，目前在进行思想政治教育的过程中，对于红色文化资源方面的宣传常常呈现出应景式的趋势，过于形式化，流于表面，其传播的深度和广度均不尽如人意。高校学生的真实思想情况、思想政治工作在教学中的实际进展情况、思想政治教育工作所取得的实际效果等，教育者尚未全面掌握。同时由于历史原因以及现实条件等因素的制约，高校思想政治工作与大学生之间存在着一定程度上的脱节现象。对于学生所关注的具体问题，高校缺乏足够的敏感度，无法感同身受，无法从实际情况出发提升思想政治教育水平。目前，在现代社会新形势下高校学生还面临着各种矛盾，学生还存在着一些思想上的障碍，需要教育者从他们的切身利益出发进行引导和解决，然而，目前教育者还无法做到。同时，高校教育者也没有充分利用各种载体广泛传播本地红色文化资源，无法发挥红色文化在育人方面的作用。

（五）红色文化资源应发挥的功能

将红色文化资源融入思想政治教育课程教学之中，用中国共产党的革命历史、革命传统、红色基因为高校学生补一补"钙"，壮一壮"骨"，是强化高校学生爱国主义教育、革命传统教育、理想信念教育和激发学生继承革命先辈爱国情怀的重要途径。

1. 很好地引导学生

将红色基因渗透到课程教学的各个阶段之中，有助于引领该课程教学始终坚持正确的政治方向，引导高校学生深刻理解革命历史，大力弘扬和传承红色文化，将红色文化资源作为鲜活的革命历史教材，从中汲取养分，有效满足高校学生成长过程中所期待的提升幸福指数的客观要求，提高他们明辨是非、善恶、美丑的能力，使他们在学习和生活中逐渐树立起正确的人生价值目标。

2. 有效地教化学生

红色文化资源具有教化功能，能够有效地教化学生，为学生提供有效的教育引导，以帮助他们树立符合科学价值观的人生理念。红色文化是我国优秀传统文化的重要组成部分，以其生动丰富的内容，为实现课程教学中育人的教化功能提供了引导和激励。当前高校思想政治理论课中，将红色文化资源融入思想政治教育课程教学之中，可为高等院校学生构建一套科学的人生价值体系，从而引导和帮助他们在未来的人生道路上获得更大的成功。这不仅有助于提高大学生的思想政治觉悟水平，还能够培养大学生形成健全的人格品质与高尚的道德修养。高等院校的其他专业课程也应该像思想政治教育课程一样，将红色文化资源有机地融入其中，以最大限度地发挥其在专业课程教学中的教化作用。

3. 充分地激励学生

红色文化资源具有激励功能，它能够充分激发学生的内在动力和潜能，以助其在未来的人生道路上不断成长和发展。在高校思想政治教育中，运用红色文化资源中生动鲜活的典型案例教育学生，使学生以革命先辈为榜样，引导学生在日常生活中始终以革命先烈及其英雄事迹为行为准则，引导他们学习老一辈革命家的崇高理想和高尚品德。通过对学生进行红色文化资源的教育和熏陶，学生能够在知识、情感、信仰、道德和行为等方面更加深入地理解和认同红色情感，从而获得更广泛、更温暖的体验。

（六）红色资源融合教育的路径

1. 认真做好内容对接

第一，要对红色文化资源进行全面深入的挖掘，把握革命历史发展的基本脉络；第二，要对挖掘的红色文化资源进行认真梳理和筛选，并深入挖掘这些资源的精神内涵，以增强其在教学中思想政治育人的感染力、感召力；第三，要建立红色文化资源教学资源库，为红色文化资源融入思想政治教育课程教学和实践活动做好资源储备，做好融入环节内容上的对接，使融入的内容逐步系统化、融入的方式方法逐渐立体化；第四，要制订红色文化资源融入思想政治教育课程的教学计划，细化融入备课环节和课堂教学环节。

2. 扎实开展教学改革

开展红色文化资源融入方面的教学改革，第一，要将历史与现实进行有机融合。虽然说革命战争年代距离我们越来越远，但是革命战争年代诞生的红色文化资源至今仍在焕发勃勃生机。教师在教学时，要随时随地把握好历史与现实的结合点，不失时机地将红色文化资源作为红色基因中的某种精神表征融入教学之中，向学生阐释革命先辈艰苦奋斗的优良品质和自强不息、勇往直前的崇高理想信念，引导学生将这种优良品质和理想信念与实现中华民族伟大复兴的现实需要紧密结合，不负韶华，不辱使命，做合格的社会主义建设者和接班人。第二，要做好线上线下的融合。授课教师要积极利用互联网、云计算的优势，丰富线上红色文化资源，建立新媒体平台，采取线上线下结合的教学模式，以线下教学为主渠道，同时开展好线上教学。要采用学生喜闻乐见的教学方式将专业知识讲授与课程思想政治开展有机结合，发挥出红色文化资源育人的实效。

3. 有效进行评价改革

应高度重视主体素养评价，不能仅把提高学业成绩、掌握专业知识作为评价的唯一指标，因为这种做法遮蔽了立德树人这一根本教学任务，背离了课堂教学的育人本质。通过深化教学评价改革，促使学生形成有内涵、有灵魂、有美感的思想政治素养，同时，让学生在潜移默化中接受红色教育。

（七）红色文化运用带来的重要启示

将红色文化资源融入思想政治教育，开展思想政治教学改革的意义重大，启示也颇多。

第一，在课程教学中，革命精神扮演着不可或缺的角色，是思政教育的营养剂。推进红色文化资源融入教学改革，其核心使命在于将中国共产党人的革命精神有机融入课程教学中。革命精神具有与时俱进、永葆先进性等特性。红色文化资源融入教学，既可不断丰富思想政治育人的案例内容、教学资料，也能在一定程度上丰富思想政治课程立德树人的教育形式，提升教学的吸引力和育人的感召力，使思想政治课程的立德树人变得有滋有味、有血有肉且形象生动，富有感染力、说服力。

第二，家国情怀是教学的内在灵魂。将红色文化资源融入思想政治教学中，就是把中国共产党人的家国情怀作为思想政治教学的内在灵魂植入到教学的各个环节之中。红色文化资源融入教学，为培育学生的家国情怀扩展了实践空间。如利用节假日组织学生参观红色文化教育基地，搭建起课堂教学与社会实践的联系通道，可以使学生在社会实践体验中构建理论与实践连接的脉络。在教学过程中，使中国共产党人的家国情怀润物无声地渗透进学生的心田，增进他们对中国共产党人家国情怀的情感认同，最大程度地发挥出红色文化资源引导人、教育人、鼓舞人的思想政治育人实效。

第三，初心使命是教师应有的职业站位。授课教师应将初心使命作为自己应有的职业站位，将自身肩负的教书育人的初心使命与实现中华民族伟大复兴的中国梦紧密结合起来，以此指引学生通过对思想政治的学习，增强守住初心、担牢使命的神圣责任感和使命感。红色文化资源本身就承载着中国共产党人坚定执着、百折不挠的初心使命，作为思想政治教育课程的授课教师，就应该竭尽全力深入挖掘红色文化资源中蕴含的中国共产党人在初心和使命方面的案例素材，并应用于课程教学中，保持精神定力。

二、充分利用一些影视资源

（一）资源运用的理论基础

社会主义文艺运动的发展得益于马克思主义文艺理论的指导。马克思主义文艺理论是我们文艺建设的指针，它在我国传播并发展，已演变为具有中国特色的文艺理论。习近平总书记对马克思主义的文艺思想也有了新的发展，习近平总书记有强调，"文艺事业是党和人民的重要事业，文艺战线是党和人民的重要战线[①]。"这些为文艺创作提供了指导，促使我们的文艺发展保持新的活力。

在思想政治教育过程中，我们需要一样东西或一件事物即所谓的中介来辅助

---

① 蔡武. 努力开创艺术创作工作新局面——学习习近平总书记在文艺工作座谈会上的重要讲话[J]. 求是，2014（24）：29-32.

我们传播思想政治教育信息，进而达到我们的目标。其实"中介"是桥梁，它既可以是实践活动、文字、手段，也可以是一定的文化、多媒体等。随着科学技术的发展和意识形态的生活化开展，以电影、图像、短视频为构成要素的影视资源在高等院校思想政治教育中产生了较大影响，影视资源作为一种载体，有着生动的方式，在思想政治教育起着不可忽视的作用。这样的教育方式易被学生喜爱和接受。

（二）影视资源的特征

1. 影视资源自身的特性

随着生活节奏的逐渐加快，现在的人们已经越来越习惯通过图像方式来获取信息，当前，人类社会已进入以图像为主导的时代，视觉化和图像化的趋势变得越来越明显。图像充斥在我们的日常生活和工作空间中，它影响了人的观念和行为模式。在日常生活中，我们不难发现，部分高校学生倾向于通过刷短视频、刷剧、看直播等方式来消遣、娱乐，他们被众多丰富多彩的图像所环绕着。

第一，影视资源具有直观性与生动性。影视资源的一个显著特征在于其能够以直观和生动的方式将一些东西或事物展现在人们眼前，在追求"真"方面具有自然优势，因为其中的视觉符号能够更多地呈现出平面的立体效果。另外，它可以通过声音来表达意义和感情，这也为影视作品增添了活力。在我们的日常生活中，影视资源以多种形式与我们相伴，如电影、短视频等，呈现出生动直观的感受，可以让观众产生身临其境之感。影视资源与印刷文本有着显著的差异，是因为其所呈现的直观、生动的特征与后者截然不同。电影和电视资源的图像的动态呈现取代了文字的静态感受，会给人带来一种愉悦感。当前，人们对于事物的理解和世界的认知越来越倾向于感性意象的表达，而影视资源的发展趋势则反映了思维方式的演变，因此直观、生动、可视化的呈现方式变得越来越不可或缺。

第二，影视资源具有大众性与个性化特征。影视作为一种大众传播媒介，其独特的魅力使之成为大众文化的重要组成部分，而这种大众文化的特性则使影视在满足受众需求方面具有不可替代的作用。大众性是指人们对影视资源有一个基本的认识，并将其作为自己生活中的一部分而加以使用的过程或特征。大众媒介是指具有一定受众基础并能对其产生影响作用的各种媒体形态。简言之，它具有普适性，任何人都有权拥有，影视资源与大众生活息息相关。通常情况下，影视资源的呈现方式，如电影、图像、短视频等，都以一种大众性的身份呈现在我们的视野中。影视资源为人们提供了随时随地表达个人观点、记录生活、传播特定信息的机会，人们可以按照自己的需求传播特定的信息，凸显了影视资源的个性特征。

2. 影视资源与思政教育的契合性

（1）影视资源的育人功能

影视资源以直观形象的方式呈现于受众面前，它通过声音、影像等手段将抽象的概念具体化，使观众获得感性认识，并产生相应的认知体验。我们的视觉空间充斥着各种类型的图像、电影、电视、短视频等，这些影视资源具有一种很强的直观性，它们不仅能够强烈地表达思想理念，震撼人心，同时还能够融合内容的形象化和思想性，寓教于乐，对人们进行思想政治教育。影视资源以其特有的感染力成为高校开展思政教育工作不可或缺的重要组成部分，也是提升大学生综合素养必不可少的重要途径之一。在某种程度上，高校学生可以通过影视资源作品构建自己对世界的独特看法，塑造个人的价值观，并培养自身形成视觉思维的能力。

影视资源具备强大的感染力，同时受众广泛，这使其成为一种十分有效的媒介，可用于进行审美教育、心灵净化、人格塑造等方面。所谓审美教育，就是以艺术为媒介来传播美以及引导人类去欣赏、认识和创造美的活动过程，旨在引导人们对美的追求。利用影视资源进行审美教育，就是通过影视作品所传递给人们美的感受与力量，进而引导人们在潜移默化中接受这种美以提升自己的精神境界，使之获得更高的修养与品位。审美教育在影视资源领域扮演着培养人们对电影、图像、短视频进行鉴别和识别的重要角色。它可以使人们在观看这些影视作品时发现其中蕴含的思想价值以及美学特征，从而产生一定的美感，并以此来陶冶自己的情操。利用影视资源中蕴含的卓越图像和短视频作品，可以引导人们以"美"的态度看待人生、生活和社会，从而促进他们的精神整体和谐，树立健康、良好的价值观。这就要求教师在教学中要充分挖掘影视资源中蕴含的美育因素，将其作为重要内容纳入到教学活动之中。此外，影视作品所提供的资源可以为观众营造出一种沉浸式的空间，让他们感受到视觉作品所散发出的魅力，并以其所具备的力量去创造出更加吸引人的氛围。所以说，影视资源可以有效地引导观众进入到一个充满美感、愉悦身心、积极向上的艺术境界当中。随着观众沉浸度的加深，他们对视觉作品的感知和情感体验也随之变得更加深刻。所以，影视资源可以起到潜移默化的熏陶作用。在影视作品中，通过引人入胜的情节和引人深思的镜头，向人们灌输了"美"的种子，在审美层面上对人们进行一种"美"的教育。

（2）思想政治教育的文化属性

思想政治教育是一种独特的教育活动，它具有政治性、社会性和文化性。从哲学角度看，思想政治教育就是对人的世界观、人生观和价值观进行引导的过程，是培养人的精神世界和道德人格的实践活动。然而，自从人类进入阶级社会以来，思想政治教育的政治性的特质往往被人们过于注重，而其社会性和文化性往往被人们所忽视，从而使思想政治教育越来越僵化。思想政治教育的文化属性决定了其本质上也是一种涉及文化的活动。因此，教育者可以将思想政治教育看作是对受教育者进行文化影响的行为，即所谓的"化人"过程，思想政治教育活动必须以文化为媒介来进行展开，它所承载的不仅有知识内容，还有丰富的人文内涵以及对学生进行思想道德培养等任务。随着社会进程的加速，思想政治教育在塑造人的品德和灵魂方面扮演着越来越重要的角色，这就要求必须从更高层面上认识思想政治教育"化人"的重要性。思想政治教育以潜移默化的方式影响着人们的思想和行为，这种方式如细雨般轻柔，却足以润泽万物。思想政治教育应该从文化入手，协助大众掌握正确的世界认知方式，激发创造性思维，以文化凝聚所有可能的力量，创造每一个机遇，滋养每一个心灵。同时，在提高高校学生的文化意识和理论素养的过程中，引导他们精神境界和个性品质的提升。

（三）影视资源在高等院校思想政治课中的应用原则

1. 需要教师适时引导

教师需要根据教学内容精选适宜的影视资源，并结合具体教学内容和实际情况使用影视资源。高等院校思政教师在播放视听资源时，可以先向学生介绍其背景，并以教师的语言进行叙事，从而为学生提供进入教学情境、感悟教学内容的路径，同时在需要时给予学生引导，共同探讨。教师要把握好时间和空间，将思想教育与信息传播有机结合起来。高校政治教师要善于利用多媒体设备辅助课堂教学，丰富课堂形式，提高教学效果。在当今信息技术高速发展的时代，网络已成为青年学子获取知识的主要渠道，通过网络，学生得以获取学习资料、时事政策、前沿资讯等。高校思政政治教师应该时刻关注学生的需求，在应用影视资源时，要注意对信息的筛选，适时引导他们树立正确的理想信念和价值观。

2. 系统反映思政学科特点

系统反映学科特点，即系统性原则，也就是指影视资源在高等院校思想政治课中的应用要系统地反映学科特点。高等院校思想政治课程具有学科内容的综合性，并且这种综合性主要是为了核心素养的落实而提出的。影视资源在高等院校思想政治课中的应用也要与学科特点一致，要体现综合性。也就是说，在高等院校思想政治课中应用影视资源是要引导学生初步掌握马克思主义基本原理，理解习近平新时代中国特色社会主义思想；树立正确的历史观、民族观、国家观、文化观，认同并积极践行社会主义核心价值观；树立宪法法律至上、法律面前人人平等观念，进一步增强法治意识；等等。

3. 具备一定的针对性

影视作品作为一种特殊载体，具有独特优势，可以满足大学生接受信息的要求与情感需求，符合他们的认知规律。高等院校思想政治课中，影视资源的运用必须具有一定的针对性，要考虑到时代、社会环境以及叙述客体等多方面因素。在高等院校的思想政治课中，需要明确学生是接受教育的对象，是叙事的客体，另外，还要考虑到影视资源的应用受到时代特征和外部环境的影响。

首先，以叙事客体的认知为基础。影视资源在高等院校思想政治课中的应用是以高等院校政治教师和学生为主体和客体，通过高等院校思想政治课中的教育媒体，作用于学生视觉和听觉的教学活动。要想达到预期的教学效果，就要考虑叙事客体对高等院校思想政治课中影视资源内容的可接受性。

学生是具有生命力的个体，他们往往具有高度复杂性和多样性。考虑到学生的认知发展规律，目前影视资源应用的首要难题就是如何将学科影视资源内容与学生的思想、学习、生活实际紧密结合，以充分满足学生的成长需求。

其次，关于时代的特征和社会环境的复杂性，也需要进行深入的思考，必须充分考虑时代背景和社会环境，这也是影视作品运用的针对性原则所必需的。

4. 注意交互关系

高等院校思想政治课中，影视资源的应用需要遵循交互性原则，这有利于提高教学质量。这种交互性原则主要包括三种，即人机交互、人际交互以及媒体交互。系统与用户之间的互动关系，是一种基于人机交互的交互模式。在教学过程中，高等院校的政治教师运用智能软件进行备课，制作相关教学内容，在授课时也会运用到智能软件，学生则通过智能教育媒体进行学习和交流，互相传递彼此的理解，这一现象就体现了人机交互的原则。教师和学生之间以及学生之间的互动交流，是基于学生对教育媒体所呈现的教学内容的理解和掌握情况而展开的，这种互动就是一种人际交互。媒体交互是一种信息传递的复杂过程，它涉及多种形态和媒介的信息传输交互，如报纸、电视、互联网等，利用多种媒体相互交互来向学生呈现教学内容。

（四）影视资源的融入策略

第一，在高等院校思想政治课中，应当审慎选择适宜的视听资源，以确保影视资源的充分利用。影视资源具有直观生动、形象逼真等特点，能够为学生提供感性认知材料。在高等院校的思想政治课中，影视资源的内容资源选择范围广泛，涵盖了实际教学过程中的各个方面。通过运用现代教育技术，可以实现教学资源的共享，从而在知识点的讲解和重难点的突破方面取得更好的效果。在升华情感态度价值观方面，可结合时事政治对其进行解释，这样，学生也会更加感兴趣，从而获得更加深入的理解。就像在放映一部关于教学内容的电影一样，电影将视觉和听觉完美地融合在一起，引发了学生内心深处的情感共鸣，让他们不由自主地沉浸在其中。

第二，在高等院校思想政治课中，影视资源的具体应用需要进行精心设计的教学活动，以确保教学效果最大化。这就要求高校政治教师要有较强的课程开发和运用能力，能够根据不同的情况对影视作品内容进行合理地加工处理。在导入环节中，高等院校的政治教师可以运用现代信息技术预先呈现有关该课程的教学内容，为学生创造一个良好的教学环境，让学生预先体验、感受并引发情感共鸣。在高等院校思政教育课的影视资源应用过程中，引导是至关重要的步骤，其目的在于让学生沉浸其中。在课堂教学过程中，教师可以运用多种教育媒介，激发学生的主动性，促进师生之间、生生之间以及媒体与学生之间的互动，利用影视资源突出教学难点，同时精准掌控视听资源的使用时间和教师引导的时机，从而营造出一个良好的教学氛围，提高课堂效率。在教学过程中，"引"是至关重要的，关键在于对视听资源所呈现的教学内容进行深入剖析，让学生在讨论和分析的过程中获得知识和情感体验，这样不仅能够让学生更好地掌握课堂上所学到的知识点，也有利于提高他们的学习能力，从而取得较高的课堂教学效果。在日常教学中，教师可以运用精美的幻灯片、深入人心的影视资源以及录播课中的精彩讲解等手段，通过视听的刺激，激发学生对本堂课的内容进行一个总结，从而达到对整堂课教学内容的升华。这个阶段的关键是"结"，在本节课的总结过程中，要以情感升华为核心，将所学内容有机地串联起来，从而达到高效的教学效果。

第六章　大学生课程思政教学构建及实践策略

高校课程思政的有效开展，能够为大学生思想政治教育实践提供新的思路和方法。课程思政的实践有利于课程改革因事而化、因时而进、因势而新。课程思政是符合高等教育发展诉求的创新理念，是促进教育教学改革的重要举措。本章分析了大学生课程思政教学构建及实践策略，对大学生课程思政的现实依据、大学生课程思政的难点分析、大学生课程思政对学生的影响机制分析、大学生课程思政的教育内容与方法体系的构建、大学生课程思政的实践策略进行了解读。

第一节　大学生课程思政的现实依据

一、新时代大学生思想政治教育的发展需要

党中央在习近平同志的领导下，高度重视高校思想政治工作，特别明确了相关的决策部署，并密切关注高校思想政治工作的实践情况。另外，中央领导也积极推动高校思想政治工作模式的创新和改革。高校实施全员参与、全员接受的思政教育，旨在强化大学生的理想信念、爱国精神和道德素养教育，推崇中国特色社会主义理论体系。为了适应新时代大学生的思想政治教育需求和发展要求，同时遵循思政教育的原则和规律，中国共产党将高校思想政治工作列为重要建设项目。这种重视体现出高校应同时注重国家对时代新人的培养需求和创造有利于学生全面、个性化发展的校园环境，从而倡导精神文明建设。当前是高校加强思想政治教育的适宜时机，我们应根据教育部有关高校思政工作的指引，将先进的教育教学理念应用于高校的课程体系中，将行之有效的思政教育理念有机融入思政教育工作中去。高校必须提高教育质量，这是增强思想政治教育能力、提高教育

素养的重要保证。但是，大学生思想政治教育仍面临一些实际问题，如知识教育和思政教育之间缺少有效的衔接，思政教育课程相对孤立，以及快速发展的信息时代对大学生价值观产生的双重影响等。目前存在的普遍问题是，大学生在接受思想政治教育时，只是表面上赞同，但在实际行动中并未贯彻落实。教育部针对大学生思想状况的调查显示，超过90%的师生认为思政课有开设的必要，但现实中仍然存在马克思主义理论与高校思政课堂"两张皮"的现象，在一些高校尤其是应用型院校，马克思主义理论"说起来重要，忙起来不要"的现象仍然部分存在①。大学生思想政治教育受到了一定的限制，这其中包括实施主体的覆盖范围较窄等因素，从而导致了思想政治工作推进缓慢的现象。为了改变这种现状，应该采取相应的措施。为了适应当今大学生思想政治教育需要面对日益复杂的形势和解决高校思想政治工作中涉及的各种问题，课程思政为高校思政改革提供了一套符合时代需求的方案。它通过将思政教育贯穿始终的方式，拓宽视野，取得全员参与、全方位协同、贯穿全课程的效果，从而帮助高校达成立德树人的教育目标，致力于培养全面发展、能力出众的社会主义建设者和接班人。

二、新时代青年正确价值观的引导需求

习近平说，青年兴则国家兴，青年强则国家强。青年一代有理想、有本领、有担当，国家就有前途，民族就有希望。"青年的价值取向决定了未来整个社会的价值取向，而青年又处在价值观形成和确立的时期，抓好这一时期的价值观养成十分重要②。"这表明，我们必须充分重视对青年的培养，承担起时代的责任，解决好引导新时代青年价值观的难题。相较于初高中阶段的思政教育，大学阶段的思政教育更注重对学生个性化需求的满足和培养目标的达成。在青年时期也就是大学阶段是扣好生活纽扣的重要时期。在这段时间里，他们将体验全新又丰富多彩的青春探险，应对一个又一个的学习挑战，确立自己的宏伟人生目标并为之拼搏。他们身处的是一个经济高速增长、信息传播快速的时代，社会利益分化、多元化的价值观念相互碰撞，从各种途径获得的信息中潜藏着会对大学生的价值观和道德认知产生不利影响的各种要素。现实世界和虚拟世界之间的区别导致一

---

① 肖香龙. 思政课与其他课程须建立协同育人机制 [J]. 中国高等教育，2017（23）.
② 习近平. 青年要自觉践行社会主义核心价值观——在北京大学师生座谈会上的讲话 [J]. 人民教育，2014（10）：6-9.

些大学生不同程度地存在政治信仰迷茫、理想信念模糊、价值取向扭曲、诚信意识淡薄、社会责任感缺乏、艰苦奋斗精神淡化、团结协作观念较差、心理素质欠佳等问题。尽管现代年轻人在道德认知方面相对较为成熟，但实际行动能力却相对不足。大学生需要具备良好的自我认知和坚定的理想信念，以便在处理内部需求和外部影响时达到最佳平衡状态。教育应该抓住关键时期，帮助青年学生塑造良好的价值观、锤炼个性、坚定意志，以达到高校培养人、塑造人的初心。同时，教育也必须满足学生成长发展的需要，保证学生的身心健康。

通过课程思政，大学生能够领悟人生的基本道理，了解社会主义核心价值观的要求，明确实现民族复兴的理想和使命。通过课程思政，实现教学和学习之间的平衡发展，让大学生在求知和求德的过程中相辅相成，一举两得。高等教育院校承担着十分重要的培养学生德育、智育、体育和美育相统一的责任，因此必须积极推进课程思政建设，巧妙地采用各种教育手段促进学生的全面发展。

三、试点高校课程思政的实践和经验

在实现从理论到实践的转化过程中，课程思政必然经历许多曲折和挑战，不断地以否定之否定的方式前进。浙江大学和宁波理工学院通过探索和实践发现，要明确立德树人与课程思政之间的关系，可以从四个不同的角度来考虑。这四个角度包括：首先，立德是课程思政的重要任务，其次，树人是课程思政的核心要求，再次，课程选取是立德树人的重要路径，最后，思政则是立德树人的中国视角。2017 年 6 月，复旦大学被选为高等学府课程思政教育教学改革整体试点高校之一。在实践中，复旦大学提倡以思想政治课程为核心，建设"中国系列"课程、综合素质课程、哲学社会科学课程三位一体的教学体系，通过专业课程与思政建设的有机融合，形成从思想政治课程到课程思政全面推进的良性循环。江苏科技大学在实践中采用了以下做法：组建专家辅导团队，推动课程思政教育改革，将"思政味儿"融入专业课程，并发起"课程思政聚合行动"，强调各门课程与思政教育的一致性。浙江中医药大学注重培养青年学生的理想信念，通过课程思政实践，将知识教育和价值引导相结合。全面推动教学工作，让传授知识和引领价值观念相得益彰，同时注重统筹全校师生，既传道又授业。

北京地区的高校已经意识到课程思政的重要性，并开始积极开展相关的学习

和实践。例如，北京联合大学在挖掘各门课程中蕴含的思政教育元素方面不断努力，充分发挥各门课程在思政教育方面的作用，打造了 27 个示范课堂，巩固了思想意识形态的主阵地。除此以外，他们还巧妙地将"北京元素"融入了课程思政中，表现出了积极创新的精神，并且进行了生动的实践，即"守护一段渠道、耕种一片责任田"。这些高校在推进课程思政方面具有丰富的经验和成果，它们是课程思政的先锋和探索者，这样逐步从局部落实向全面推广，它们为课程思政的正确性和科学性提供了证明，也为我们积累了经验和阶段性的成果。这些高校致力于将思想和实践相结合，不断积极创新并且注重实际效果。当前，许多高校正在倡导课程思政理念，并将其视为关键的教育改革工作之一。各个高校正在努力研究适合自己发展的课程思政建设方式，以提高思政教育水平，同时注重保持各自独特的办学特色。

大学应坚持培养学生明德、亲民、至善的品格和风范，这是课程思政对传统教育价值的重视。课程思政反思了现代教育的价值，认为教师是传授知识、引领方向、解疑释惑的导师。教育的价值在于培养道德品质和人才，而这正是课程思政在高等教育中坚守的目标。新时代高校思想政治工作的进步成果在于建立和贯彻课程思政理念。本着稳健前进的宗旨，结合扎实的理论基础和实际情况的客观依据，课程思政将蓬勃发展，同时应激发大学生思想政治教育的新活力，使师生共同推动思政教育事业发展，共享成果。

第二节　大学生课程思政的难点分析

在贯彻习近平新时代中国特色社会主义思想的指导下，我们应当在落实科教兴国、人才强国战略的同时，着力打造一个完整的大学生培养体系。在这个过程中，我们需要测试和加强大学生接受思想政治教育的长期效果，并为思想政治教育改革开创新的机遇。党和政府非常重视推广课程思政理念，要求高校提高对课程思政重要性的认识，紧密关注以立德树人为中心的任务，全面推进高校育人工作，确保培养人才的方方面面、整个过程、所有人员都得到覆盖。

一、课程思政的课程层面探析

（一）如何构建全课程育人体系

在课程改革过程中，需要重点考虑如何提高各类课程的思政教育水平，确定各类课程的思政教育方向以及完善各类课程的协同育人体系，以达到更好的课程思政效果。在课程思政中，课程建设是核心环节，高校必须进行全程育人的体系改革。各种课程在培养学生方面都很重要，因此需要发挥它们独特的育人价值，共同建立全面的育人体系。这个体系应该使专业课、通识课和思政课紧密合作，形成一种统一的育人格局。要实现全课程育人体系的协同育人，我们需要注重发挥专业课和通识课在思政能力方面的作用，以此实现全课程育人体系的协同育人效应。

专业课与通识课是肩负着重要使命的课程，它们不仅是全面育人体系的重要组成部分，也是推动育人体系发展的关键着力点，需要我们始终牢记"守卫良好渠道，耕耘责任麦田"的责任。专业课和通识课的课程体系存在两个主要制约因素，其中之一是师资队伍的思政意识还需要提高，部分专业课程教师在备课过程中未充分认识到自身育人的责任，导致在教材选择、思政元素的融入等方面存在淡化甚至边缘化的现象。高校日益注重专业课程的科研成果和教学质量，因此教师需要承担繁重的教学任务和紧凑的教学进度。然而，在传授知识的同时，许多教师忽略了思政教育元素的引导作用，错过了许多唤起学生价值观的机会，这必然会削弱专业课程的育人效果。

为构建全面的课程思政育人体系，我们需要明确各类课程在协同育人体系中的角色和任务分工，以破解专业课和通识课在课程思政建设中所面临的现实困难，这样才能确保全课程的育人目标得以落实，推进课程思政的发展。为了确保整个学习课程的一致性，高校要求在专业课、通识课和思政课保持一致的逻辑关系。同时，为了全面地培养学生，高校要求思政课不仅仅是课程，还要兼具对其他课程的指导和引领价值。在教学方面，专业课和通识课都需要注重思政建设，以确保在培养学生方面的任务不被忽视。此外，我们还应当充分发挥课程在隐性教育方面的优势。

（二）如何发挥各类课程思政功能

不同高校院系设置不同、学科性质不一、课程内容专业化，所以就需要在保持原有课程特色的前提下，将思政教育纳入各类课程的实践教学中，发挥各类课程的思政作用，这是课程思政的重点任务，也是需要集中精力解决的难题。专业课在课程思政中占据着至关重要的地位。由于专业课程的分类繁多，将课程思政融入教学的各个环节并不容易。为了体现课程思政教育改革的重要性，在各种不同类型的课程教材中加入思政内容，在各类教学课堂中提高教师的思政意识并作出相应的调整和改变是必要的。这样才能在不违背教育教学规律的情况下，让整个教学过程贯彻课程思政的基本理念。不同的专业具有不同的特点，如何将思想政治教育的内容与其原有的知识结构相融合，选择何种思想政治教育内容进行融入，采用何种方式进行融入，以及如何在教学内容设计中体现课程的思想政治教育理念，这些都是调整专业课程功能的核心问题。通识教育是课程思想政治工作的重要组成部分。一般来说，通识教育课程是指除了专业教育以外的基础教育科目。在某些高校的通识课程设置中，存在的问题是将通识课程作为专业课程，甚至过度注重通识课程的专业性质，导致育人价值受到了削弱。此外，通识课程的内容选择往往偏向抽象理论，缺乏实际应用场景，这会使通识课程失去其原本的特色，而思想政治教育则是其中最为关键的一部分"调味料"。通识课程被视为一种简单且能够获得高分的选修课，而非重视培养学生兴趣爱好和育人效果的课程。有些高校忽视通识课的教育作用，不重视通识课在整个课程体系中的地位，通识课的开课率也很低，这导致通识课的思政功能被忽视，不被看作是整个课程体系的重要组成部分。高校要对当前通识课的状况有深入了解，反思教学目标，并重新构想教育理念，以进行通识课的改革。针对以上问题，如何调整专业课和通识课的思政功能，将思政理念融入教学，是需要面对的艰巨任务。

（三）如何挖掘各类课程思政资源

"现代课程理论之父"拉尔夫·泰勒深刻阐述了课程资源的利用问题，提出要最大限度地利用学校资源。课程思政的关键在于开发专业课和通识课教学中的思政元素，挖掘其蕴含的思政资源，这是进行课程思政改革的先决条件。专业课的思政资源在客观上呈现出隐蔽性、随机性、渗透性三大特性，专业课教学若不能实现专业性课程知识和思政教育资源的有机统一，课程思政建设必将难以深化[1]。在通识课程教育中，对于思想政治资源的应用不够充分，不够积极地挖掘和利用这些资源，在寻找方面的进展也遇到了一些困难。这些问题在很大程度上影响了思想政治教育在课程中的推行。在处理课程思政问题时，主要的难点在于如何将思政资源与专业课和通识课程相融合，以达到最佳效果。不同课程所需要的思政资源，应当与对应课程的培养目标相契合。哲社科课程和自然科学课程在思想政治方面的资源呈现出不同的价值倾向。如果只是简单地把思想政治元素搬到课程中，就无法取得良好的课程思政效果。因此，必须确保思政资源能够在课程中得到恰当的运用，才能取得成功。此外，教育主体对思政教育资源的开发意识不足，导致各类课程的思政教育资源未得到充分的开发利用。由于传统教学方式的僵化，教师忽视了教材中的思想政治资源，再加上缺乏对现实生活中思想政治元素的关注，这从根本上阻碍了课程中思想政治教育资源的呈现。在对课程进行分类细分的同时，思政资源得到了充分的利用和发挥，这就需要我们挖掘符合各类课程所追求的育人理念和思政元素，以满足课程思政改革的内在需求。各类课程应把"专业课程"作为价值与科学连接的"精神中介[2]"，以"通识课程"为"精神桥梁"，以"自然"和"人本"为纽带，以"潜移默化"的方式，从人到物，以人为本。根据各高校的学校特点、专业特点，有针对性地对各种学科的思政资源进行挖掘，抓住具有潜在资源优势的重点学科，以点汇线、以线汇面，实现看得见、摸得着的目标。

二、课程思政的教师层面探析

（一）如何转变教学观念

高校教师队伍建设的首要问题在于改变他们的教学观念，尤其是在课程思政方面。教师追求的职业目标是做一名"四有老师"，即具备理想信念、道德情操、扎实学识和仁爱之心的优秀教师。学生的学习态度和行为受到了教师的教学素养和魅力的直接影响。除了传授知识，教师的授课还涉及培养和塑造学生的能力、态度、情感和价值观。这表明教师在教育中的教育理念发挥着重要的作用。课程

---

① 胡洪彬. 课程思政：从理论基础到制度构建 [J]. 重庆高教研究，2019（1）.
② 刘鹤，石瑛，金祥雷. 课程思政建设的理性内涵与实施路径 [J]. 中国大学教学，2019（3）.

思政的教育理念旨在让所有教师重新认识到自己在教学中肩负的育人责任，并在此基础上提高教学质量。然而，在教师队伍中，许多非思政课教师也会出现懈怠的情况。他们认为，学生的思政课教育无需自己负责，只要完成自己的本职教学任务即可。显然，在专业课教师群体中，思想政治教育的覆盖率较低，他们还存在一定的疑虑和顾虑，对于课程思政建设的推进仍显得不够积极。这种情况也同样出现在通识课教师身上。他们往往不够重视通识课的育人职责，忽视了通识教育对于学生价值观引导的重要性。此外，有些教师还会对通识课思政教育产生懈怠甚至消极情绪，这非常不利于发挥通识课思政教育的正面影响。教师首先要从传统的教学观念中走出来，这是课程思政需要解决的第一个问题。教师需要深入理解全员育人的教育理念，并纠正以前错误的教学观念，自觉参与课程思政实践改革并实现职业价值，同时还需要专业教师和通识课教师对教师职责进行深刻反思和重新认识，也需要其他各方力量的引导和深化。

（二）如何提高思政水平

作为课程思政建设的重要改革内容，专业课程的重要性不言而喻。专业课教师在课程思政建设过程中扮演着关键角色，是实现课程思政目标的关键因素。在教师队伍中，专业课教师所占比例较高且最具挑战性，因此需要特别关注他们的思想政治水平，因为这将直接影响到课程思政的实际效果。一次成功的课堂教学任务，需要同时涵盖知识的传递和价值的引领。尽管专业课教师的专业素养非常高，但是要想将思政教育的理念融入课堂教学中，还需要他们具备两个方面的能力：一是较高的思政教育素养，二是熟练掌握思政教育的相关技巧。学习马克思主义世界观和方法论，并能将其运用于思政教育，是一项需要不断积累和坚持的长期工作。在此过程中，专业课教师需要持之以恒地加强学习。专业教师之所以对涉及思想政治教育的话语感到陌生，一方面是因为他们的思想政治知识储备不足，很难意识到教材和课堂教学中隐含着的思想政治教育元素；另一方面是在备课和授课时，传统的教学方式对融入思政教育元素存在阻碍，这可能会导致想要达成此种效果的过程不太顺利。从各方面的迹象来看，提高专业课教师思想政治素养是课程思政的关键所在，也是实现突破的关键。对大学生思想言行和成长影响最大的是专业课教师，我们应该认识到对学生进行思政教育的重要性和必要性，并积极投身到思政教育知识的学习中。在课堂教学中融入思政教育，也是提高专业课思政教育水平的重要途径。

（三）如何提升协作能力

唯物辩证法指出，我们应该从联系和发展的角度出发来思考问题。因此，我们应该认识到教师队伍是一个密不可分的整体，要想提高教师的整体素质，必须要求教师们积极参与并相互协作。思政课教师是课程思政的标杆，而专业课教师能够决定学生在这一领域中的表现是否出色，进而是否能够获得额外的加分。因为思政课教师在思政知识和教学方面更具专长，所以在思政教育方面，非思政课教师面临较大的压力。这种压力产生的主要原因在于，他们对思政教育理论知识缺乏足够清晰的认识，也缺乏明确的思政教育方法和方向。课程思政对教师队伍建设有一个主观需求，那就是让思政课教师与专业课教师进行协作与配合。所有教师都理解了课程思政的理念，思政课老师同时向专业课老师传授相关知识和教学方法。这就促使专业课老师很快地融入了课程思政教学的改革，最终取得了显著的教学成果。

随着跨学科的发展趋势加速，各学科之间的互动紧密度在增加，教育工作者的互动与学习也在发生重大变革。人文科学和自然科学的区分导致教师们在学习和交流时仍然被限制在本院系或极少数相关院系，这也限制了不同专业院系之间的互动和交流。这种情形不仅阻碍了教师之间的情感交流，也限制了学科之间的深层次探讨。为了使高校思政教育贯穿于各门课程，并且能够满足教师的发展需求，我们需要提高教师团队的协作能力和配合水平。教师协同合作的考验主要有三个方面。首先，要为教师们打造一个良好的沟通平台，特别是关于课程思政的交流平台，让他们互相学习，交流经验，并且有信心与对方交流。其次是确保思政课教师在政治倾向和思想素养方面具备正确的引领作用和先进的思想观念，同时向其他专业课教师传授成功的思想教育经验和授课技能。最后是鼓励专业课教师学习思政课教师的教学方式，并认真推进潜在的思政教育工作，以便在专业课程中自然地融入思政教育。为了增强教师队伍的建设并提高协作效率，每个高校需要具体分析自身情况，缩小思政课和专业课教师之间的差距，扩大课程思政布局，并实现预期目标。

三、课程思政的学生层面探讨

新时代大学生的思想特点是独特而复杂的，这是由他们的成长环境所决定的。他们的思维方式和价值观念与其他群体不同，表现出独有的特点。在课程思政建设中，理解学生的思考方式、审视学生接受教育的模式，充分发挥这些认识，可以提升课程思政的效力，彰显强烈的育人理念。在高校中，青年一代学生与内心的思想作抗争，力求获得独立、自由、进步和创新，但却容易受到外部各种因素的干扰。在追求理想与现实的平衡中，他们常常会质疑自己或怀疑自己的选择。因此，在进行课程思政建设时，必须深入了解新时代大学生的思想特征。学者王海建探讨了大学生的思想特点，着重分析了"00后"这一群体的思维特征。他认为，在新时代，大学生的主体意识更加强烈，他们具有出色的创新思维和学习能力。另一方面，他们又过于重视理性和务实，过分强调个性化的价值观。有学者分析了当代大学生思想变化的新特点，主要体现在思想意识独立，崇尚以自我为中心；关注自我价值与非功利性交叉，信奉务实价值观；个体需求现实性与成才多样性互补，关注财富的重要性[①]。只有了解学生思想的多样性，教学改革才能使课程思政深入人心，激发学生的求知欲。必须从学生的角度出发，根据他们的个性实施差异化的教学。为了更好地实施立志成才的基本任务，高校应该思考当代学生思想特点的多样性，同时注重发掘每位学生的共性和个性特征。为此，应该制定有依据、有针对性、有计划性的课程思政建设方案，以此确保大学生思想教育贴近实际。当我们将一个新的理念运用到具体领域时，它必须得到充分实践和有效执行，同时还需要进行充分的反思，这是保证理念创新在现实中具有价值和意义的关键。在大学生思想政治教育领域，课程思政是一种改革理念，尚未完全成熟，缺乏适应各个院系的万全之策。在课程思政建设过程中，不可避免地会面临各种不同程度的问题和挑战。因此，各高校应注重核心问题，不断完善改革体系，以实现立德树人、培养文化人的目标，培养一代代社会主义建设者和接班人，不辜负党和国家的期望。

---

① 刘湘顺，李梅. 大学生思想变化的新特点及教育对策 [J]. 学校党建与思想教育，2018（22）：66-68.

第三节　大学生课程思政对学生的影响机制分析

一般来说，大学课程可以根据它们的表现形式被分为明显表现出来的课程和暗含其中的课程。明确规划的课程和活动被定义为显性课程，包括教学计划中明确定义的学科课程和活动课程。相对应的是一种潜在课程，即隐含在非正式教学环境中的教学内容，与正式教学计划无关。显性课程和隐性课程共同构成了学校教育的完整体系，在教学活动中起着至关重要的作用。显性课程和隐性课程相互作用，共同影响着受教育者的学习。思政教育的有效实施取决于在显性课程和隐性课程中的协同配合是否能够达到最佳状态。研究思想政治教育时，所谓机制指的是各种要素之间的相互作用规律和方式，旨在实现特定的目标，而不改变原文的意思。通过分析高校课程思政对高校学生的影响途径，可以更精准地为学生提供有效的思政教育。

一、课程思政教育中显性课程对学生产生影响的机制分析

（一）知识传授

思政教育内容体现着思政教育的性质，而知识传授是课程思政教育中显性课程对学生产生影响的具体化机制，是显性课程对学生影响的外在表现。思政教学的内容是思政教学的本质，而"知识传播"则是"思政教学"中"显"课程作用于"人"的具体机制，是"显"过程作用于"显"的结果。目前，学术界对思政教育要素的研究多样，比较流行的是"四元论"和"五元论"。"四元论"包括思想教育、政治教育、道德教育、心理教育等。"五元论"比"四元论"多一个法纪教育。这两种理论其实没有本质的区别，"五元论"中的法纪教育已经融入"四元论"的其他要素，特别是融入政治教育[①]。课程思政教育对学生产生影响的最主要的机制就是知识传授，它将重点放在了对世界观和方法论的教育上，将重点放在了解决主观与客观一致性的问题上，它的具体内容有：对科学的世界观、人生观、价值观进行教育，对艰苦奋斗精神进行教育，对马克思主义唯物论、无神论进行教育，对辩证思维方式进行教育，对科学精神和创新精神进行教育等。

---

① 邵献平. 思想政治教育中介论 [M]. 北京：中国社会科学出版社，2007.

（二）促进学生的学习过程

就学生的接受程度而言，可以划分为有意接受和无意接受。学生在接受显性课程时，通常会明确知道自己正在学习什么内容，以及要达到何种目标，并且会表现出强烈的学习目的。通常情况下，他们会有意识地自我约束，不断进行自我调整，以最大化获得经验效益。教师在显性课程中主要采用直接性和明确性的方式来传达教育内容。直接教育是指老师直接向学生传授教育内容，明确告诉他们需要学习什么，达到什么目标，以及可以期待什么结果等。明确的含义是指教师和学生清楚地了解自己在教学过程中的角色，教育进程中的记录和痕迹清晰明了。通过这样的方式，显性课程在课程思政教育中发挥了积极的作用，可以帮助学生更好地学习。

（三）评价导向

进行课程思政教育时，教师不仅会传授相关理论知识，还会传达社会对新一代青年的期望和要求，希望他们成为有理想、有道德、有文化、有纪律的"四有青年"。教育学生的责任不仅仅在于思政教育理论课师，还需要全体教师发挥最大的教育作用。学生的成绩表现只是教育效果的衡量标准之一，真正重要的是学生的品德和行为表现。

二、课程思政教育中隐性课程对学生产生影响的机制分析

课程思政理念中，隐含课程是指除了课本内容之外的潜在教育影响，其中思政教育也是其中重要的部分。学校为了进行学生的思政教育，在综合素养课和专业课中利用思政教育资源进行挖掘。相较于直接授课的思政课程，隐性的思政教育以微妙、间接的方式影响到学生的教育，因此拥有独具匠心的教学机制。具体来说，思政教育的潜在教学机制主要是通过暗示、感染和认同等方式，对学生进行思想观念的引导和影响，而不是直接教授知识。

（一）高校思政隐性课程开发过程中的施教机制

1. 暗示

通过营造不同的情境和氛围，在大学生思想政治教育中注入隐性课程，让学

生在无形中自觉地接受教育。在学校的教育过程中，通过多样化的教学活动和教师的言行举止来引导学生，并使他们接受需要的信息，最终在心理上得到深刻的体验。大学生的环境和生活方式塑造了大学生的思想和教育，大学生也为此不断学习和接受教育。大学生的思想政治教育受到许多因素的影响，包括学校氛围、教师素质和道德修养、教学方法、学生整体接受水平和主观意愿等。这些因素将共同作用，影响教育效果。这些因素对大学生思政教育中隐含课程的设定和实施提出了极高的实际要求，需要将科学与艺术相结合。

在进行课程思政教育时，我们不仅向学生传递相关的理论知识，还向他们灌输了社会对于新一代青年的期望与要求，旨在培养具备理想、道德、文化和纪律的"四有青年"。教育学生的主体不只限于授课思政教育理论的教师，而是要充分发挥"全员育人"的作用。要评价教育效果，不能仅仅以学生在理论课程上的成绩为唯一衡量标准，更应该考虑学生的思想道德素养和行为表现等方面的综合呈现。

2. 感染

当前，各大高校以加强思政课程落地为出发点，积极挖掘当地历史文化资源的优势，开展丰富多彩的实践教学活动，让大学生在学习思政课程的同时，切身感受到与社会现实密不可分的关系，从而提高思政课程的实际效果。例如，一些高校会充分利用当地丰富的历史文化资源加深大学生对历史的认知，激发他们爱国情怀；一些高校正在积极利用现代的红色文化资源，安排学生前往纪念馆进行参观，以追寻和传承红色记忆，同时加强革命传统教育；还有一些高校在暑期安排优秀学生分赴全国各地展开社会实践调查活动，鼓励更多的学生参与社会实践，从中获得教育启示。武汉大学动员了1.5万余名学生参加实践活动，包括登山、走访农村家庭等，旨在宣传"不忘初心，牢记使命"以及"创行黔乡，助力扶贫"的主题。重庆大学开设了学生社会实践服务中心，该中心协调校级、院级以及学生社团的社会实践活动，推行全员参与的社会实践工作模式。在这类教育实践中，学生自发地受到感染和启发。

3. 认同

被广泛应用的认同机制不仅是影响心理的重要手段，还是思想政治隐性课程对学生心理影响的关键手段。社会舆论常常是促使人们遵守和认同社会规范的动力源泉。社会舆论是人们对社会事件、问题和现象的看法和态度，反映了社会公众的共同认知和价值观念，也是人际交往和信息传递的产物。在学校中，舆论的力量对学生的影响很大。因为人们往往倾向于与群体保持一致，所以学校舆论会形成一种压力，促使学生认同和遵守群体规范。

（二）高校思政隐性课程的学生接受机制分析

接受是指主体因特定需求而对接受对象作出反应、选择、理解、解释、整合，并将其内化为自己的思想或外化为行为的过程。接受主体和接受客体相互影响、相互促进，是一个内外并重、互动发展的过程。在这个过程中，学生运用自身认知机制暗自领悟思政隐性课程信息，而非像思政显性课程那样依赖于教师直接传授。接受过程既包含内化整合的方面，也包含外化践行的方面。

1. 主体接受机制

思政隐性课程对学生的影响依赖于学生的主体活动。学生会被动接受思政隐性课程的影响和主动选择和加工课程传递的信息。正如马克思所说："人在革命活动中，在改变环境的同时也改变着自己。""环境的改变和人的活动或自我改变的一致，只能被看作是并合理地理解为革命的实践"①。思想政治隐性课程信息是一种客观存在，而学生是作为认知主体存在。因此，思想政治隐性课程的接受机制是学生将其内化整合，并将其转化为行动的独特认知过程。

由此可见，思政隐性课程的接受过程不是简单的刺激—反应过程，学生接受思政隐性课程教育影响的过程也不是消极被动的，忽视学生主观能动性的发挥，会影响教育的实效，不利于思政整体功能的发挥。当然，在实践过程中，也可能出现各种复杂的情况。

2. 影响主体接受的因素分析

思政隐性课程是指隐藏于其他载体之中，以非直接方式呈现出来的一种课程。教育主体、受教育者、教育内容、接受环境、接受媒体等都是影响大学生思想政治教育学习效果的主要因素。思想政治教育隐性课程接受的影响因素是与思想政治教育课程进行同步发生的，是诸多因素共同作用的结果。

在思政隐形课程中，教育者这个角色涵盖面很广，不仅限于教师，还包括学校的行政管理和后勤人员等所有人员。这些人对于教育效果的影响非常重要。在

---

① 马克思，恩格斯. 马克思恩格斯选集（第 1 卷）[M]. 北京：人民出版社，1995.

各门学科的教育教学过程中，思政隐性课程常常被无形地融入其中。要达到良好的教育效果，教育者必须以身作则，积极践行道德规范，并创造民主、宽松、和谐的学习氛围，与受教育者建立良性互动。这样才能实现教书育人、管理育人、服务育人的目标。

有效接受的需求是受教育者的主要动力来源。只有当接受者内心非常渴望并需要思政隐性课程时，才会自发地积极接受。因此，思政隐性课程应该注意到关心人的重要性，尊重每个人的个性特点和独特的价值观，并强调个人和社会价值相辅相成。同时，教育者应该在引导和促进学生的认知和自我发展的同时，坚持培养学生的主体意识和自主思考能力，以此提高学生对思政隐性课程的接受度和参与度。

教育内容指的是教育者有计划、有目的地设计和开发的课程内容。教育者在制定课程时，需要深入了解受教育者的"前结构"，包括他们已有的认知框架、思维方式、价值观、道德水平和行为偏好等因素。这些因素对受教育者对所学知识的接受和选择有着直接影响。除此之外，教育应当同时满足社会与个人的需求，使接受教育者能够更好地适应社会环境，实现个人价值的提升。

其所处的环境有两个方面：一是政治、经济、文化、心理等宏观环境，二是工作、生活环境等微观环境。隐性课程的接受效果受其接受环境的影响较大。

接受媒介指的是思政隐性课程信息的传播渠道，它可以被划分为四种类型：第一种是知识型的思政隐性课程，它也就是隐藏在各种显性课程之中的思政教育的隐性因素；第二种是"动态化的思政潜课程"，它是指在不同的课程实施过程中，潜藏着的思政潜课程要素；第三种是以环境思想政内化为潜质的课程；第四种是隐性的系统思政课。

第四节 大学生课程思政的教育内容与方法体系的构建

高校思政教育的内容资源庞杂而零散，在实际的思政教育实践中，所采用的教育方法常常只是理论性的，很难形成系统性的教育方法。在新的历史条件下，如何开发和利用思政教学的内容和方法，是实现思政课向课程思政转变的重要任务。

一、课程思政教育内容体系构建

不可否认，虽然目前高校思政教育多次打着"生活道德""全科全科思政"的旗号开展活动，但实际的思政教育仍局限于传统思政，其他课程及其教师的主动性和热情度也不高。"课程思政"的提出，就是要彻底激发各级党政机构、各学科和教师对思政的热情，彻底改变当前高校思政"两张皮"的现状。

（一）挖掘课程的思政教育资源是先决条件

任何一门学科都蕴涵着丰富的教育资源。一方面，课程思政要立足于各专业，并与学科体系紧密联系，确定学科教育资源，构建学科教育共同体。例如，在哲学社会科学的课程设置中，应突出其政治指导作用，突出其文化教化作用；在自然科学学科中，应充分发掘学生的科学精神与人文素质，加强学生的创造性思维，加强对学生的生态文明与工匠精神的教育，在此基础上，我们提出了"应用技能型工程"专业的教学模式，并对其教学模式进行了探索。在多个学科的共同影响下，学生很容易树立起正确的价值观，从而形成一种理性的、平和的心理状态，富有人文关怀的情感以及一种崇高的审美情操。另一方面，要努力探讨课程思政的课程标准和教学规范，在课程中确定思政教育的要素，在教育教学的各个环节都要明确育人的要求，从而达到提升课程思政教育教学质量的目的。

（二）着眼课程思政教育目标的"纵向衔接"

课程思政是一种新的思想政治工作观念，它是一种"以课程为载体，以思想政治为中心"的思想政治工作观念。贯彻"以人为本"的新观念，必须实现课堂教学、社会实践和网络应用三维课堂的有机结合。在教学实践中，思想政治教育必须紧紧围绕专业、学校的培养目标进行。

课程思政应从服务于专业培养目标出发，将学科"知识导向"与"能力培养"的要求与"价值引导"的实践相结合。在过去的专业人才培养计划中，对于知识、能力的培养都有很清晰、很具体的要求，但是对于价值观的引导并没有太多的说明，大多是用"高素质""健全人格"之类的抽象词汇来表述，从而造成了价值观的引导在专业教育中得不到很好的实施。

课程思政也要服从于学校培养目标的育人要求，根据培养模式的不同，我国的高校可以将其划分为研究型、专业型、应用型和技术型等。尽管每一所高校的最终目的都是要培养出德智体美劳全面发展的社会主义建设者和接班人，但是，每一所高校的培养标准都不一样，它们在校史、校风、校训、教风、学风、校貌等方面都有自己的特点，因此，课程思政不仅要服务于专业培养目标，还要体现出高校自己的办学特色。

（三）强调显隐性教育、人文与自然学科、思政教育新旧问题间的"横向贯通"

思政教学内容中存在着诸多对立统一的矛盾，如思政教学中的显性与隐性、人文学科与自然学科、新旧思政教学中的新旧两种教学模式之间的冲突等，只有把它们横向地结合起来，才能使课程思政成为一个完整的整体。要实现各个层面的融会贯通，就要做到以下几点。

第一，将显性教育和隐性教育融为一体。思想政治教育课程作为一门明确的课程，应充分发挥其在学科发展和课程思想政治方面的引领作用。除了正式的教学任务，其他课程也拥有隐含的课程内容，应该在与思想政治课程相互协作的基础上开展。因此，在高校的课程思政建设中，应充分利用思政教育课的引领作用，同时也要充分利用其他隐含课程的助推作用。

第二，将人文科学和自然科学相融合。在课程思政观中，每一门课程都包含着思政的因素。现代的学科划分非常细致，而在传统的教学中，学科知识的碎片化、壁垒化等问题都会影响到对学生进行教育的整体效果，所以，我们必须对每一门学科进行全面的规划，构建出知识与人、知识与生活之间多维的融合关系。

第三，将思想政治教育的理论性质和思想政治教育的互动性质相融合。要充实生活中的道德教育内容，要对社会热点问题给予关注，要将理论与实践紧密结合起来。思政教育要贴近学生，贴近生活，要把握好理论性和实效性之间的关系，不仅要通过对思政教材和学生的学习情况的分析，把抽象的理论性内容具体化，而且要根据学生在学习、生活、心理等方面的具体问题，对其进行抽象性的总结，形成理性的认识，遵循"由虚入实"和"由实入虚"的两条路线，将其与生活中的具体问题联系起来。

二、课程思政教育方法体系构建

要使课程思政真正发挥其应有的作用，就需要从当前大学课程设置的现状出发，探讨一种行之有效的课程思政教学方法。

（一）构建课程思政的中国话语体系

话语权是指某个信息传递主体的实际影响力，通常指能够影响社会发展方向的能力。在当前形势下，为了促进课程思政的普及和思政教育工作的顺利开展，必须在高校建立符合中国特色的语言体系，以排除外部敌对势力对于思想文化领域所带来的不良影响。

中国的话语系统，就是建立在中国的马克思主义哲学和中国的实际经验之上，既能与世界进行对话，又能与新的时代要求相适应，并体现本土特色的话语系统。建构"中国"的话语系统，创造"中国"的气氛，是使"新课程"的教学实效得以充分发挥的必要条件。要做好高校课程思政的中国话语体系构建，核心要素是要彰显对当代中国的核心价值观的认同，引导学生树立"四个自信"，实现专业话语体系与价值话语体系的融合[①]。在学科思政课教学中，要在遵循学科教育规律的前提下，使学科的价值观念得以自然的渗透；在学科建设中，应体现"中国模式""中国理论"，体现"科学发展"的理念，凸显"中国特色"，讲好"中国故事"，创造浓厚气氛。而在思政教育课中，可以指导学生阅读能够体现马克思主义中国化的文本，指导学生用马克思主义观点对西方经典文献展开批判性解读等。

（二）打造适应课程思政的线上线下系列化课程

习近平在全国高校思想政治工作会议上强调，我们应该充分利用主渠道——课堂教学，因为课堂教学始终是思政教育的重要媒介。同时，课程思政这一全新概念也是紧紧依托于课堂教学而提出的。课堂教学所涉及的教育形式都有其固定的价值信仰。在这个过程中，也需要建立和加强一系列既定的价值观念。因此，要想在课堂上有效地进行思想政治教育，就需要开发一系列适用于这种教育

---

① 周海晏. 课程思政教育中的中国话语建构 [J]. 思想政治课研究，2018（6）：74—77.

形式的课程内容。上海市在这个领域进行了有益的实践。上海高校所开设的名为"中国系列"的思想政治课程，共包括三十五门课程，现已在上海的所有高等教育机构全面覆盖，这些课程在培养人才方面表现优异。"中国系列"思政课程巧妙地将专业课程与思政课程、理论与政策、学术与政治有机结合，以发挥大学生思想政治教育课程主渠道的作用，同时发挥各门课程的育人作用。这种做法在一定程度上促进了高校各门课程的协同发展。在参考"05方案"的基础上，各高等院校汲取了不同地市的经验与实践，创立了"4+1+X"思政课程方案，包含了四门必修思政课程、一门形势政策课程以及多门可选修的思政课程，这些都在思政教育中发挥了重要作用。高校应该建立多元化的课程思政教育体系，不应仅限于课堂教学，以满足学生不同层次、不同需求和不同兴趣爱好的个性化学习需求。"00后"这一代的大学生在网络新媒体的利用方面几乎达到了100%，为此，学校应当善于采用"慕课"等新兴教学方式，并在微博、微信等平台上有计划地开展思政教育，如开设历史文化课程、创建时事政治讨论组，宣传学校文化和一些重要事件以及好人好事等。培养并选拔优秀的积极分子，包括学生党员和学生干部，让他们成为网络舆论中的重要代表。通过采用传统或非传统的教学方式，包括课堂内外、线上线下等系列化的课程安排，切实加强思政教育工作。

（三）有效利用第二课堂的多种形式进行课程思政教育

第二课堂的形式多种多样，时空范围广阔，它的内涵、外延以及深度和广度都是普通课堂无法相比的，教师要善于运用第二课堂的社会实践，根据人才培养的目的，以理论知识为依据，有针对性、有计划地组织学生，让他们在假期和其他业余时间，参与到社会的政治、经济和文化生活中去。社会实践是思政教育的一种行之有效的方式，在我国教育体系刚刚建立的时候，党和国家就出台文件，强调了实践活动对于人才培养的重要性。在社会实践中，学生可以对社会有更多的了解，更多地为社会服务，从而使他们的整体素质得到提升，同时还可以培养他们的科学精神和创新意识，从而提升他们解决现实问题的能力。

第五节　大学生课程思政的实践策略

教育部明确提出，普通高等院校要搞好课程育人，所有的课程都要起到思想政治教育的作用。因此，探讨大学课程思政实施的对策，将是对大学思想政治教育工作的一次突破，也是对高校教学工作的一次革命。本节以问题为导向，从加强顶层设计、创新课程建设、加强教师队伍建设等三个方面展开了对课程思政的实践探索。

一、开展源头活水的顶层设计

课程思政是将思想因素融入知识教育的价值观、课程教学的实践思路之中，为学生提供一股"活水"，其核心是要做好顶层设计。高校党委要在课程思政建设中起到领导核心的作用，利用系统论的方法进行顶层设计，由上而下，由浅入深，从全局的视角，对课程思政建设的各个方面、各个层次、各个要素进行整体的规划，构建出一套行之有效的领导机制、保障机制和评价机制，从而能够将有效的资源集中起来，使课程思政的建设得到有效的实施。

（一）建立课程思政领导机制

构建课程思政领导机制，构建以高校党委为领导核心的课程思政专项领导组织，将责任主体落实到位，保证课程思政是一次自上而下的教育改革。高校党委对课程思政的主观认识和客观落实程度具有非常重要的作用，要通过系统的理论和经验的学习，对课程思政理念的实践意义有一个合理的认识，将课程思政教育理念内化于心，外化于行。高校领导集体要牢固树立课程思政意识，对各类课程教师的思想观念进行转变，引导全体员工积极参与到课程思政的建设中来，使课程思政成为新时期下大学生思想政治教育工作的重要内容和主要抓手。

第一，要明确高校党委的核心职责。习近平强调，高校党委应该担负起全面领导学校工作的责任，主要负责党政管理和教育办学的职责，制定正确方向和整体规划，做出决策并切实监督并保证其落实。高校党委在管理课程思政事务时，一方面需要进行全局性的规划设计，另一方面也需要以自身行动作出表率。高校党委应该承担起课程思政建设的主导责任，坚决贯彻高校立德树人的核心使命，提高思想意识水平，纠正对高校思想政治工作实施主体的错误认知，并摒弃思政教育只能由专门的思政课程来完成的错误观念。我们应当提倡科学的理念，即在思政教育中，全课程、全员、全过程、全方位地参与。高校党委应该将课程中蕴含的思想政治教育理念作为指引，加强对理论的自信和自律，将课程中的思想政治教育理念有机融入全面的思想政治教育工作体系之中。高校党委应以习近平新时代中国特色社会主义思想为基础，认真研读党的二十大报告、习近平在全国高校思想政治工作会议以及全国教育大会的重要讲话等，深入贯彻党和政府的各项教育政策。校级领导应该积极加入课程思政的备课、听课和授课并亲自到课堂为学生传授知识、解答疑惑。通过这些有计划的活动，带领教师去推广课程思政理念，使其融入人才培养、管理和教育体系。

第二，强化高校党委的集中统一领导。以高校党委书记为第一人的各级党委要充当理念先锋，自上而下地贯彻落实党和政府的文件精神，从校党委到院系党支部再到党员教师，建立课程思政工作领导小组，经常性召开课程思政研讨会议，落实课程思政教育精神，充分发挥基层党组织的先锋作用，构建校党委—基层党组织—党员相互贯通的联动工作体制①。利用党建的形式，激发各级部门及组织的学习积极性，并把激励机制与课程思政参与度与贡献分联系起来。高校党委可以利用"不忘初心、牢记使命"主题教育的机会，要求各级党组织开展主题教育活动，并与高校办学方向和教育理念相结合，与各院系的教学目标和课程规律相结合，追溯教育的初心，对课程思政理念进行深化，用理念引领实践创新。

第三，需要改变所有课程教师的教学理念。想法只有被人接受并深刻理解，才能转化为行动和实际成果。教师不仅要教授学科知识，还要践行课程思政。在这个过程中，教师需要不断认识、树立课程思政意识，不断强化育人职责，提高德育能力，这对教师提出了更高的要求。高校的党委需要为专业教师提供思想教育，明确他们在课程思政过程中的角色认知和定位。他们需要纠正教师对课程思政的误解，使他们重新认识到自己的育人与教学职责，从根本上改变思想观念。党委应该引导教师参与课程思政的改革任务，并鼓励他们不仅要关注"经师"角色，更要扮演好"人师"的角色。此举有助于提高教师对课程思政意识的认识。

---

① 孙杰，常静. 高校加强"课程思政"建设现实路径选择 [J]. 中国高等教育，2018（23）：15-17.

同时，鼓励教师在课堂教学中加入思政教育元素，发挥他们的主观能动性，让他们认识到这样做的重要性。针对不同专业的特点，邀请相关教师集中学习并交流试点课程在思政方面的实施情况，以加强有关思政教育的讨论和探索。通过这种方法，可以激发专业课教师的积极性和创意，使他们更容易接受课程思政理念并乐于参与建设。

（二）建立课程思政保障机制

为了保证课程思政建设能够顺利进行，要构建和完善保障机制，高校必须要搭建起保障平台，制定保障制度，并提供充足的人力保障，在这些方面下足功夫，抓实干，为课程思政"盖好房子、铺好路、搭好桥"，这样才能达到事半功倍的效果，从而保证课程思政建设的常态化运作。

第一，要有保障平台。为了有效推进课程思政工作，我们需要建立一个共同参与、互相支持的平台。这个平台应该鼓励参与者的积极性，发挥主观能动性，同时定期举办由校级到院级的经验成果交流会，以搭建课程思政示范课程建设平台。课程思政所需的是一个互相协商、共同建设和分享的网络平台，使院系、教师和学生能够通过网络平台共享线上资源，为各种课程教学提供平行和交叉的机会，保证教师之间无阻碍的学习沟通、师生之间无障碍的互动交流，建立课程思政信息共享的场所，实现资源公开化，提高课程思政实践的氛围。

第二，要有体制上的保证。高校要提供制度保证，组织专门的人员来起草课程思政的实施方案，为课程思政量身制定管理制度、监督制度、考核制度等制度，并由校党委批准后予以实施，保证在课程思政的建设过程中，在遇到有关问题时，都能得到相应的制度指导和解释。利用课程思政专项制度建设，对课程思政的执行力度和工作部署进行管理，对课程思政的实施进度和效果进行监督，从而保证课程思政建设的顺利进行。

第三，要确保有足够的人力资源。实现课程思政建设需要校党委书记及每一位教师的全程参与和共同努力，因为每个人都是非常宝贵的人力资源。高校需要构建一支素质高、能力强的课程思政教师队伍，以经过深入培训和党课、团课教育为主要手段，加强对教师思政能力的锤炼和提升。充分发挥思政课教师的思政优势，并与其他课程教师建立互助小组，共同推进课程思政教育。高校应当确保课程思政建设任务和责任得以有效落实，以确保每一位教师不掉队、不拖延，始终与建设队伍同步；确保每一位教师都不断努力以提高自身的思政学习能力和业务水平；确保每一位教师在课程思政建设中加强自我认知，不断突破自我瓶颈、不断提升自我能力；要保证课程思政的效果与教师队伍的素质相匹配。高校号召所有教师积极投身课程思政建设，可以根据教师参与课程思政工作情况，与其年终考核、职称晋升、职务调整、工资待遇挂钩，建立课程思政专门奖励激励机制，形成推进课程思政建设的良好氛围[①]。

（三）建立课程思政评价机制

课程思政建设的评价机制是高校对课程、教师、学生三个环节的课程思政成效的评价机制。各高校应立足学校办学定位、基于人才培养特色、针对学生思想特点，有的放矢地制定评价标准，保证课程思政的实施效果[②]。

一是评估高校和系科的课程思政课建设情况。高校要建立起一套对院系课程思政建设的评价体系，在评价中具体包含了以下几个方面：各级院系领导班子对课程思政的部署和建设目标、参与课程思政的改革课程数目、参与课程思政的教师人数等。同时，还需要组织院系负责人和教师，向他们提交阶段性课程思政实施进展情况的报告，并组织专项小组，对课改成果进行检验，最终形成一套行之有效的评价材料，并对各院系进一步推进课程思政工作提出自己的看法和建议。

二是对教师在课程教学中融入思想政治教育和能力表现的评估。考核教师课程思政教学能力应包括以下方面：深入了解学生思想状况的能力、制定优质教材及课程设计能力、课程思政的有效教学与管理能力、客观评价课程思政的能力、自我反思与学习成长的能力等。我们可以通过多种途径和手段对教师的能力进行考核和评估，依据评估结果有针对性地促使和鼓励教师进一步提升自己的技能和能力，以此来填补不足和提升水平。高校可以设立课程思政试点课程的监督小组，定期观摩课堂、了解并考核课程思政教学状况。课程思政课堂教学的考核范围包括：思政元素在专业课程中被融入和挖掘的情况、思政元素和专业内容的融合程度以及课堂教学效果等方面的内容。督导小组应及时对听课情况进行评价，对教学效果出色的给予嘉奖，并通过宣传示范课程的形式激发教师的积极性和创造性。

---

① 成桂英. 推动"课程思政"教学改革的三个着力点 [J]. 思想理论教育导刊，2018（9）：67-70.
② 李国娟. 课程思政建设必须牢牢把握五个关键环节 [J]. 中国高等教育，2017（Z3）：28-29.

如果教师存在教学效果不足的问题，那么督查小组应该给予公正的评价，并提出建议，从而增强教师进行课程思政的信心。

三是评估课程思政对大学生思想道德素质和法治素养的影响。课程思政的效果必须在大学生这一群体中得到实际体现。大学生思想道德素质与法治素养的影响是衡量、评价课程思政效果的一个至关重要的方面。有序展开课程思政并且实施有效的课堂教学，可以观察到大学生在思想和行为上的积极变化，这是课程思政教学的效果体现。高校可以在现有课程考核评价的基础上，加入对大学生思想道德素质和法治素养的考核内容，以评价课程对其思想道德和法治教育的影响。这种考核评价可以嵌入到课程考核中，可以将其表述为：将相关思政元素纳入课程考核范畴，例如对学生的价值观引导进行考核、对学生专业素养进行评估等。为了评价课程思政的影响，我们可以采用问卷调查的方式，涵盖全校本科生和研究生，在调查范围内保持一定的持续性，以便动态追踪学生的思想状况。这有助于我们掌握学生在不同阶段的思想特点，并进行统计类比，最终得出评价课程思政的重要依据。

二、推进润物无声的课程建设

课程思政的实施重点是课程，而专业课程是课程思政的主要载体，课程改革建设是课程思政的中心任务，应该将精力放在构建课程思政课程体系上，对课程思政教学内容进行整合设计，并科学制定课程思政教学方案进行。

（一）着力打造课程思政课程体系

"课程体系是人才培养目标和高校办学使命的内在反映，是知识传授、技能培养、价值塑造有效途径[①]。"课程思政倡导的课程体系，指的是不同课程的融通体系、各种课程之间的衔接体系、课程同向同行的育人体系。课程思政式的课程体系，以人的培养和发展为出发点，着重发挥课程对大学生的价值引领作用。

一是构建多学科协同发展的系统。高校要充分发挥自身的独特优势，促进不同学科间的思政教育协同发展。遵循课程内在逻辑体系，掌握不同年级学生的认知与需求特点，通过课程融通，既减少因教学内容与活动的简单重复而产生的资

---

① 李国娟. 课程思政建设必须牢牢把握五个关键环节 [J]. 中国高等教育，2017（Z3）：28-29.

源浪费，又重点关注学生学习的兴趣与成长成才需求①。面对思政课的价值引领，利用思政课对其他课程的思政教育进行反哺，专业课要做好思政课对思政课进行补充和巩固的育人工作，通识课要做好思政课与专业课的贯通和深入的育人工作。专业课程和通识课程与思政课的教学内容和教学方法相融合，思政课程与专业课程、通识课程的科学品质和历史成果相融合，不同课程之间的联系越来越密切，最终构建出一个牢不可破的融通体系。

二是打造各类课程的衔接体系。思政课要发挥主渠道作用，其他各类课程要"守好一段渠，种好责任田"。思政课的功能在于讲授马克思主义基本原理及其中国化的理论成果，讲授党的路线、方针和政策，帮助学生树立正确的世界观、人生观和价值观，具有鲜明的政治属性和服务功能②。根据"通识""博雅""全人"三大职能，在人格的塑造和品德的培养上，尤其是在培养学生的品德上，鼓励他们根据自己的实际情况，自由选择不同学科和不同专业的课程，使他们的个性得到最大程度的发展；鼓励学生根据自己的兴趣选择课程，从而激发他们的学习积极性，促进他们的综合素质的提升。专业课是一门以培养专门人才为目的的课程。构建思政课、通识课、专业课三位一体的衔接系统，通过各种课程的思政教育，形成良性循环。

三是建立一个全方位的育人体系，使所有课程都能协同作用，共同培养学生。思想政治课与其他课程相互支持、协同作用，一起构建全面育人的大格局。高校在进行课程思政建设时，确立以立德树人为统一目标，并保持正确方向。同时明确各类课程在育人上的责任，并提升思政课的亲和力、通识课的育人力、以及专业课的渗透力。所有课程都致力于强化中国特色社会主义理论体系和社会主义核心价值观在大学生心中的地位，以此作为教学理念和目标方向的统一追求。整个教学过程一直秉持一致的行动方向，虽然具体做法有所不同，但目标始终一致：坚守社会主义办学方针，培养合格的社会建设者和接班人。整个课程始终以学生为中心，从学生的实际出发，协同育人，确保全课程育人体系保持同步。

（二）融合设计课程思政教学内容

一是要开发思政教育方面的资源。专业课程的不同类别包含了各自独特的思

---

① 王焕良. 构建高校思想政治"四全"育人体系 [J]. 思想政治教育研究，2017（2）：75-78.
② 刘建军. 怎样才能上好高校思想政治理论课 [J]. 求是，2019（8）：60-65.

政资源。这些资源大部分源于不同专业的教材和教学方法，编写教材时按照各自学科的教学大纲和目标特意加入了代表价值观导向的内容，这种资源比较容易被发掘。此外，还有一些思政教育资源并不显而易见，需要我们在课程教学中仔细观察和深入挖掘。这也表明了开发潜在的思想政治教育资源极具挑战性。为了有效利用思政教育资源来支持挖掘专业课程，需要对其进行系统化规划。在各个学科院系中，强调和实践挖掘专业课程中的思想政治资源，以促进专业课教师的参与热情和创造性。同时，这些院系也在从多个角度深度使用教材，挖掘潜在的思想政治资源，将这些元素融入教学内容中，最终实现有质量、具有实质性的资源利用成果。

二是将思政教育元素渗透到专业课教学中。将新时代思政教育的目标和内容与专业课程相结合，以此在教学过程中凸显新时代思政教育的目标，将马克思主义世界观、人生观、价值观的教育内容融入教学内容中，将习近平新时代中国特色社会主义思想加入到各门专业课程的教学大纲中，并找出各种课程适合融入的点，逐步有序地展开，以便把中国特色社会主义的制度、理论、道路和文化自信注入学生的心中，培育并实践社会主义核心价值观。在构建专业课程的教材时，需要优先挑选那些含有高度思想政治内容和开发潜力广泛的教材。教材中包含的思想政治元素会直接影响到专业课中思想政治教育的质量和效果。为了实现课程育人的效果，在编写教学大纲和教案时，需要将专业相关的理论、政策、人物精神以及品质等内容与专业教学相结合，以达到相辅相成的效果。

三是在普通课程的教学中，把思政因素融入其中。普通课程自身具备了通识教育的基本特征，但是目前其发展状况却造成了其中的一部分的教化作用被忽视。高校应加强对通识课程的思考，树立对通识课教学的信心，并对其进行系统的改革。在实施普通课程的教学任务时，要突出普通课程的道德教育使命，"重点围绕习近平新时代中国特色社会主义思想、党史、国史、改革开放史、社会主义发展史、宪法法律、中华优秀传统文化等设定课程模块，开设系列选择性必修课程[①]"。许多大学都开设了"中国系列"，从中国的实际出发，讲述中国故事，用民族和国家的抗争史培养大学生的爱国主义精神。

---

① 中共中央办公厅、国务院办公厅印发《关于深化新时代学校思想政治理论课改革创新的若干意见》[J].
中国电力教育，2019（08）：6.

（三）科学制定课程思政教学方法

课程思政明确赋予一般的知识教育课程以价值引领、思想教育的功能之后，我们又必须很好地把握思想教育不同于一般知识教育的特点和规律[①]。因此，要搞好思政的构建，就必须按照思想政治教育的原则，科学地制定出一套有效的教学方法。为了适应实际的要求，高校应从多个方面着手，不断完善大学的课堂教学方式。

一是分析当代大学生的成长环境和思想特点，制定从学生出发的教学方法。夸美纽斯说："我们不必要拿什么东西给一个人，只要把那暗藏在身体内固有的东西揭开和揭露出来，并重视每个个别的因素就够了[②]。"现代大学生所处的生活环境具有很强的可变性。随着科学技术的不断发展，新的事物不断涌现，大学生所受到的外界环境的影响也越来越显著，他们的思想特征和个性特征也逐渐显现出来。随着个人意识的增强，他们的整体思想道德素质也在逐步提高。创新课程思政教学方法，应关注大学生的个性特点，针对大学生的思想实际及其关心的问题展开，既有总体上的"漫灌"，又有因人而异的"滴灌"，更多地采用学生喜闻乐见的话语方式和教学方式[③]。

二是丰富课堂教学形式，打造第一、第二课堂串联式教学方法。第一课堂是课堂教学的主阵地，授课方式以话语转换为突破口，以问题呈现和解决为中心，以学习兴趣为依托，在师生互动和探讨中推进知识传递，充分利用翻转课堂、开放教学等教学形式，促使教育教学质量整体升级[④]。第二课堂是延伸和拓展课堂学习的范围，可以带来更深入的教育体验，是实现隐性教育的重要方式。第二课堂可以采取多种形式来丰富课程思政教学，例如，传达主旋律的教育主题讲座、参加校园文化活动和社会实践等教育平台以及其他课外活动等。第二课堂的思政教育具有高度可塑性和广泛的发挥空间，可以正确引导学生形成正确的价值观念，并激发他们与新时代、新政策和新热点结合的创新精神，从而组织举办具有影响力的校园主题教育活动。通过有效整合课堂教学和实践活动，培养大学生的实践

---

① 夸美纽斯. 大教学论 [M]. 北京：教育科学出版社，1999.
② 夸美纽斯. 大教学论 [M]. 北京：教育科学出版社，1999.
③ 刘承功. 高校深入推进"课程思政"的若干思考 [J]. 思想理论教育，2018（6）：62-67.
④ 张鲲. 高校"课程思政"的时代命题与建设路向 [J]. 北方民族大学学报（哲学社会科学版），2019（2）：162-166.

能力和创新思维，同时引导他们进行准确的价值判断和选择。

三是利用新媒体等互联网创新手段，创造线上和线下相互协作的教学模式，使其发挥最大的教学效果。通过利用互联网提供的教育资源，我们可以克服传统线下教育的限制，取得更好的教学效果。通过共享教育资源和教学成果，使慕课能够融入课堂教学，并充分利用新媒体的影响力在课内外发挥作用。在开发软件、打通信息渠道、监管思想动态等方面，可以借助互联网进行实现。随着互联网技术的不断发展，教师与学生间的距离被缩短了。学生有任何问题，他们都可以通过网络平台与教师直接沟通，线上答疑解惑。高校应善于运用新兴的媒体教学手段，满足与互联网教育平台相适应的配套设施需求，引领网络思政教育的发展与价值。

三、打造一流水平的教师队伍

教师队伍历来是教育的中流砥柱和支柱，肩负着教书育人的重任。在构建课程思政过程中，课程思政教师团队是课程思政的重要实施主体，要对不同学科的师资进行科学定位，建立高素质的师资队伍。

（一）思政课教师引领课程思政方向

思政课教师是高校思想政治教育的指导者。思政课教师在讲好思政课的同时，还要在课程思政中起到良好的引导作用，引导其他教师的理论素养、政治修养、实践教学等方面。

首先，要在理论素养上做好引领。"思政课教师要引领各类教师，必须以马克思主义为指导，要真学、真懂、真信、真教马克思主义理论及与其一脉相承的发展体系——中国化马克思主义理论[①]"，让思政课教师更好地发挥思政教育在理论素养上的引领作用。首先，要加强思想政治教育，加强对思想政治教育的指导，鼓励思想政治教育教师积极参与各种形式的学术交流，不断提高他们的理论水平和专业水平；第二，思政课老师从事的是显性思政工作，与不同学科的老师进行思想上的交流与碰撞，他们要擅长运用马克思主义的世界观、方法，包容不同，相互尊重，以理服人。

---

① 武群堂. 试论思政教育理论课教师在学校教师队伍中的引领作用——基于课程思政的视角 [J]. 学校党建与思想教育，2018（11）：70-72.

其次，要在政治素养方面做好指引。思政课教师需要拥有高度的政治素养，为了让思政课教师成为理想信念的领袖，我们必须严格审核他们的政治思想立场，通过谈话和主题教育等手段确保他们言行一致，提高他们的政治素养并在教师队伍中成为深信马克思主义和传播者的引领者。同时，思政课教师应当带领其他教师学习中国特色社会主义理论，并积极深入习近平新时代中国特色社会主义思想的学习与研究。可以通过组织专题课程或思政教师交流会等形式，进一步加强教师队伍的建设。思政课教师应当牢记课程的政治方向，以中国共产党的领导为指导，促进其他教师积极参与育人工作，并在专业课程中积极推进思政建设。

最后，要在实践教学方面作出良好的指导。思政课教师要具备德才兼备的素质，注重德育和学业，以德为基础进行教育教学工作，做到德行与教学相统一。在实际的教学活动中，思政课教师需要运用自己具备的专业素养和独特的魅力，激发其他各类课程教师的内在动力，将理论知识转化为实际的行动力。作为大学生树立人生理想和实现人生目标的导师，思政课教师应当善于借助具有代表性的材料和成功人士的经历，激发学生的信仰并坚定其信念。在大学生寻找自我价值的人生阶段，思政课教师须为学生指明方向，传递"在六便士铺满的土地上，我却看到了高高挂起的月亮"的积极思想，强调"生命的意义在于奋斗""幸福源于不断奋斗"的人生信条。思政课教师的实践教学经验可供其他同行借鉴，为开展课程思政提供有效方法和育人方式，带领全体教师共同培养具备理想信念、文化素养、道德情操和守纪律精神的学生。

（二）通识课教师强化课程思政水平

通识课是高校思想政治课程中的一种"强化器"，它能增强学生的价值观，增强学生的"育人"责任。普通学科教师应加强其课程思政意识，让思想政治教育与普通学科的教学形成共同的育人共识，从而提高普通学科的思想政治素质。

（三）专业课教师提高课程思政能力

首先，要加强人文学科教师的思政教育能力。专业教师在教授文、法、史、经济学时，经常涉及中西文化的交融，其教学内容大多基于西方国家的理论。这些理论常常融合了资本主义意识形态的元素。在进行专业课教学时，教师需要分析不同意识形态的思想特点，并以理性客观的态度对待西方资本主义知识体系和中国特色社会主义知识体系，既要找到两者之间共同点也要认识到它们之间的差异。此外，教师还可以利用专业课程中大量的思政资源，充分发挥东西方的文化差异，传递中国教育美好的远景和社会伟大的愿景，如民族精神和时代精神是鼓舞和推动大学生不断前行的精神力量，鼓励他们弘扬中国精神，发挥创造活力，激发使命担当，践行报国之志。

其次，要提高理工学科教师的思政教育能力。理工科教师具备较高的理性情感和逻辑推理能力，这种特点在教学中自然地形成了各自独特的教学风格。在进行思政教育时，理工科教师需要以身作则，树立自身的思政意识，并开发课程的思政功能，从而使学生成为既具备专业技能，又注重品德修养的人。同时，需要强调科学精神和创新精神的培养，注重引导学生接受社会主义核心价值观，从而为他们的个人与社会价值的实现打下坚实基础。举例来说，机械专业可以探讨强调精益求精的工匠精神，计算机专业可以展示科技竞争力的重要性，医学专业可以强调抢救生命和治愈病患的价值，环境科学与工程专业可以关注生态文明建设，从而增加职业的荣誉感。

最后，还要注意培养学生的科学思维和求实精神等。专业课教师要建立起对课程思政的信心，改变自己的教育理念，主动投入到课程思政的建设中，在专业课课堂上，因材施教、循循善诱，将专业知识和思政知识结合在一起，保持自己的职业操守，给学生们提供一种思想上的指引。

参考文献

[1] 弗朗西斯·培根. 新工具 [M]. 上海：上海译文出版社，2022.

[2] 夸美纽斯. 大教学论 [M]. 北京：教育科学出版社，1999.

[3] 马克思.《政治经济学》批判序言、导言 [M]. 北京：人民出版社，1971.

[4] 马克思. 1844 年经济学哲学手稿 [M]. 北京：人民出版社，2014.

[5] 毛泽东. 毛泽东选集 [M]. 北京：人民教育出版社，1953.

[6] 魏晓笛. 高校思想政治教育与教学工作创新研究 [M]. 北京：中央编译出版社，
   2019.

[7] 邵献平. 思想政治教育中介论 [M]. 北京：中国社会科学出版社，2007.

[8] 约翰·杜威. 民主主义与教育 [M]. 北京：人民教育出版社，2001.

[9] 贾灵充，周卫娟，赵艳娟. 当代大学生核心素养与思想政治教育研究 [M].
   北京：新华出版社，2018.

[10]《列宁选集》简介编写组.《列宁选集》简介 [M]. 沈阳：辽宁人民出版社，
   1985.

[11] 颜晓峰，孙兰英，栾淳钰. 办好思政课关键在教师——学习贯彻习近平总书
   记在学校思政课教师座谈会上重要讲话 [J]. 天津大学学报（社会科学版），
   2019，21（03）：193-201.

[12] 张鲲. 高校"课程思政"的时代命题与建设路向 [J]. 北方民族大学学报（哲
   学社会科学版），2019（02）：162-166.

[13] 刘鹤，石瑛，金祥雷. 课程思政建设的理性内涵与实施路径 [J]. 中国大学
   教学，2019（03）：59-62.

[14] 孙秀伟，陈晓庆. 论大学生思想政治教育创新发展的着力点 [J]. 黑龙江高

教研究，2022，40（10）：143-148.

[15] 张威. 通识教育：高校课程思政的有效促进 [J]. 中国高等教育，2019（02）：36-38.

[16] 成桂英. 推动"课程思政"教学改革的三个着力点 [J]. 思想理论教育导刊，2018（09）：67-70.

[17] 刘承功. 高校深入推进"课程思政"的若干思考 [J]. 思想理论教育，2018（06）：62-67.

[18] 武群堂. 试论思想政治理论课教师在学校教师队伍中的引领作用——基于课程思政的视角 [J]. 学校党建与思想教育，2018（11）：70-72.

[19] 李国娟. 课程思政建设必须牢牢把握五个关键环节 [J]. 中国高等教育，2017（Z3）：28-29.

[20] 王焕良. 构建高校思想政治"四全"育人体系 [J]. 思想政治教育研究，2017，33（02）：75-78.

[21] 王洋洋. 改革开放以来高校思想政治理论课的改革研究 [D]. 厦门：集美大学，2019.

[22] 贾瑞. 新媒体时代大学生思想政治教育方法创新研究 [D]. 南京：南京邮电大学，2022.

[23] 许敏. 大学生思想政治教育文化环境构建研究 [D]. 石家庄：河北科技大学，2022.

[24] 张煜. 新媒体视角下的大学生思想政治教育优化研究 [D]. 长春：吉林农业大学，2022.

[25] 李智飞. 红色家风融入大学生思想政治教育研究 [D]. 长春：吉林农业大学，2022.

[26] 张丽丽. 大数据时代大学生思想政治教育的路径创新研究 [D]. 长春：吉林建筑大学，2022.

[27] 曾伟. 新时代大学生思想政治教育获得感提升研究 [D]. 西安：西安理工大学，2022.

[28] 向蓉. 未来主义思潮影响下的大学生思想政治教育研究 [D]. 重庆：重庆交通大学，2022.

[29] 陈立欣. 新时代艺术类大学生思想政治教育研究 [D]. 株洲：湖南工业大学，2022.

[30] 王巧珍. 大学生思想政治教育协同育人路径研究 [D]. 吉林：东北电力大学，2022.